分野別 小学入試練習帳 ジュニアウォッチャー

1．点・線図形	小学校入試で出題頻度の高い『点・線図形』の模写を、難易度の低いものから段階別に幅広く練習することができるように構成。
2．座標	図形の位置模写という作業を、難易度の低いものから段階別に練習できるように構成。
3．パズル	様々なパズルの問題を難易度の低いものから段階別に練習できるように構成。
4．同図形探し	小学校入試で出題頻度の高い、同図形選びの問題を繰り返し練習できるように構成。
5．回転・展開	図形などを回転、または展開したとき、形がどのように変化するかを学習し、理解を深められるように構成。
6．系列	数、図形などの様々な系列問題を、難易度の低いものから段階別に練習できるように構成。
7．迷路	迷路の問題を繰り返し練習できるように構成。
8．対称	対称に関する問題を４つのテーマに分類し、各テーマごとに問題を段階別に練習できるように構成。
9．合成	図形の合成に関する問題を、難易度の低いものから段階別に練習できるように構成。
10．四方からの観察	もの（立体）を様々な角度から見て、どのように見えるかを推理する問題を段階別に整理し、１つの形式で複数の問題を練習できるように構成。
11．いろいろな仲間	ものや動物、植物の共通点を見つけ、分類していく問題を中心に構成。
12．日常生活	日常生活における様々な問題を６つのテーマに分類し、各テーマごとに一つの問題形式で複数の問題を練習できるように構成。
13．時間の流れ	『時間』に着目し、様々なものごとは、時間が経過するとどのように変化するのかということを学習し、理解できるように構成。
14．数える	様々なものを『数える』ことから、数の多少の判定やかけ算、わり算の基礎までを練習できるように構成。
15．比較	比較に関する問題を５つのテーマ（数、高さ、長さ、量、重さ）に分類し、各テーマごとに問題を段階別に練習できるように構成。
16．積み木	数える対象を積み木に限定した問題集。
17．言葉の音遊び	言葉の音に関する問題を５つのテーマに分類し、各テーマごとに問題を段階別に練習できるように構成。
18．いろいろな言葉	表現力をより豊かにするいろいろな言葉として、擬態語や擬声語、同音異義語、反意語、数詞を取り上げた問題集。
19．お話の記憶	お話を聴いてその内容を記憶、理解し、設問に答える形式の問題集。
20．見る記憶・聴く記憶	「見て憶える」「聴いて憶える」という『記憶』分野に特化した問題集。
21．お話作り	いくつかの絵を元にしてお話を作る練習をして、想像力を養うことができるように構成。
22．想像画	描かれてある形や景色に好きな絵を描くことにより、想像力を養うことができるように構成。
23．切る・貼る・塗る	小学校入試で出題頻度の高い、はさみやのりなどを用いた巧緻性の問題を繰り返し練習できるように構成。
24・絵画	小学校入試で出題頻度の高い、お絵かきやぬり絵などクレヨンやクーピーペンを用いた巧緻性の問題を繰り返し練習できるように構成。
25．生活巧緻性	小学校入試で出題頻度の高い日常生活の様々な場面における巧緻性の問題集。
26．文字・数字	ひらがなの清音、濁音、拗音、拗長音、促音と１～20までの数字に焦点を絞り、練習できるように構成。
27．理科	小学校入試で出題頻度が高くなりつつある理科の問題を集めた問題集。
28．運動	出題頻度の高い運動問題を種目別に分けて構成。
29．行動観察	項目ごとに問題提起をし、「このような時はどうか、あるいはどう対処するのか」の観点から問いかける形式の問題集。
30．生活習慣	学校から家庭に提起された問題と思って、一問一問絵を見ながら話し合い、考える形式の問題集。
31．推理思考	数、量、言語、常識（含理科、一般）など、諸々のジャンルから問題を構成し、近年の小学校入試問題傾向に沿って構成。
32．ブラックボックス	箱や筒の中を通ると、どのようなお約束でどのように変化するかを推理・思考する問題集。
33．シーソー	重さの違うものをシーソーに乗せた時どちらに傾くのか、またどうすればシーソーは釣り合うのかを思考する基礎的な問題集。
34．季節	様々な行事や植物などを季節別に分類できるように知識をつける問題集。
35．重ね図形	小学校入試で頻繁に出題されている「図形を重ね合わせてできる形」についての問題を集めました。
36．同数発見	様々な物を数え「同じ数」を発見し、数の多少の判断や数の認識の基礎を学べるように構成した問題集。
37．選んで数える	数の学習の基本となる、いろいろなものの数を正しく数える学習を行う問題集。
38．たし算・ひき算１	数字を使わず、たし算とひき算の基礎を身につけるための問題集。
39．たし算・ひき算２	数字を使わず、たし算とひき算の基礎を身につけるための問題集。
40．数を分ける	数を等しく分ける問題です。等しく分けたときに余りが出るものもあります。
41．数の構成	ある数がどのような数で構成されているか学んでいきます。
42．一対多の対応	一対一の対応から、一対多の対応まで、かけ算の考え方の基礎学習を行います。
43．数のやりとり	あげたり、もらったり、数の変化をしっかりと学びます。
44．見えない数	指定された条件から数を導き出します。
45．図形分割	図形の分割に関する問題集。パズルや合成の分野にも通じる様々な問題を集めました。
46．回転図形	「回転図形」に関する問題集。やさしい問題から始め、いくつかの代表的なパターンから、段階を踏んで学習できるよう編集されています。
47．座標の移動	「マス目の指示通りに移動する問題」と「指示された数だけ移動する問題」を収録。
48．鏡図形	鏡で左右反転させた時の見え方を考えます。平面図形から立体図形、文字、絵まで。
49．しりとり	すべての学習の基礎となる「言葉」を学ぶこと、特に「語彙」を増やすことに重点をおき、さまざまなタイプの「しりとり」問題を集めました。
50．観覧車	観覧車やメリーゴーラウンドなどを舞台にした「回転系列」の問題集。「推理思考」分野の問題ですが、要素として「図形」や「数量」も含みます。
51．運筆①	鉛筆の持ち方を学び、点線なぞり、お手本を見ながらの模写で、線を引く練習をします。
52．運筆②	運筆①からさらに発展し、「欠所補完」や「迷路」などを楽しみながら、より複雑な鉛筆運びを習得することを目指します。
53．四方からの観察 積み木編	積み木を使用した「四方からの観察」に関する問題を練習できるように構成。
54．図形の構成	見本の図形がどのような部分によって形づくられているかを考えます。
55．理科②	理科的知識に関する問題を集中して練習する「常識」分野の問題集。
56．マナーとルール	道路や駅、公共の場でのマナー、安全や衛生に関する常識を学べるように構成。
57．置き換え	さまざまな具体的・抽象的事象を記号で表す「置き換え」の問題を扱います。
58．比較②	長さ・高さ・体積・数などを数学的な知識を使わず、論理的に推測する「比較」の問題を練習できるように構成。
59．欠所補完	線と線のつながり、欠けた絵に当てはまるものなどを求める「欠所補完」に取り組める問題集です。
60．言葉の音（おん）	しりとり、決まった順番の音をつなげるなど、「言葉の音」に関する問題に取り組める練習問題集です。

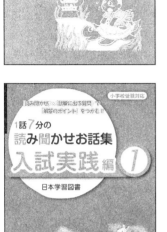

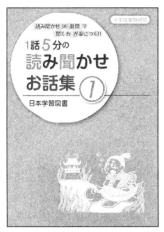

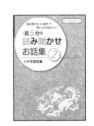

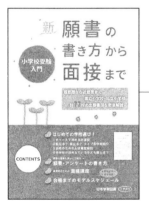

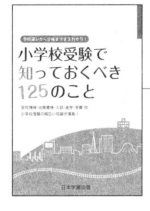

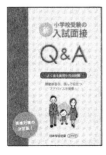

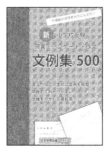

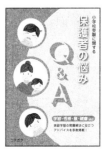

図書カード1000円分プレゼント

ご記入日　　年　月　日

☆国・私立小学校受験アンケート☆

※可能な範囲でご記入下さい。選択肢は○で囲んで下さい。

〈小学校名〉＿＿＿＿＿＿＿＿＿＿　〈お子さまの性別〉男・女　〈誕生月〉＿＿月

〈その他の受験校〉（複数回答可）＿＿＿＿＿＿＿＿＿＿＿＿＿＿＿＿

〈受験日〉①：＿＿月＿＿日〈時間〉＿＿時＿＿分～＿＿時＿＿分

②：＿＿月＿＿日〈時間〉＿＿時＿＿分～＿＿時＿＿分

〈受験者数〉男女計＿＿名（男子＿＿名　女子＿＿名）

〈お子さまの服装〉＿＿＿＿＿＿＿＿＿＿＿＿

〈入試全体の流れ〉（記入例）準備体操→行動観察→ペーパーテスト

＿＿＿＿＿＿＿＿＿＿＿＿＿＿＿＿＿＿＿＿

Eメールによる情報提供

日本学習図書では、Eメールでも入試情報を募集しております。

下記のアドレスに、アンケートの内容をご入力の上、メールをお送り下さい。

ojuken@nichigaku.jp

●行動観察　（例）好きなおもちゃで遊ぶ・グループで協力するゲームなど

〈実施日〉＿＿月＿＿日〈時間〉＿＿時＿＿分～＿＿時＿＿分〈着替え〉□有　□無

〈出題方法〉□肉声　□録音　□その他（　　　　）〈お手本〉□有　□無

〈試験形態〉□個別　□集団（　　人程度）

〈会場図〉

〈内容〉

□自由遊び

＿＿＿＿＿＿＿＿＿＿＿＿＿＿＿＿

□グループ活動

＿＿＿＿＿＿＿＿＿＿＿＿＿＿＿＿

□その他

＿＿＿＿＿＿＿＿＿＿＿＿＿＿＿＿

●運動テスト（有・無）　（例）跳び箱・チームでの競争など

〈実施日〉＿＿月＿＿日〈時間〉＿＿時＿＿分～＿＿時＿＿分〈着替え〉□有　□無

〈出題方法〉□肉声　□録音　□その他（　　　　）〈お手本〉□有　□無

〈試験形態〉□個別　□集団（　　人程度）

〈会場図〉

〈内容〉

□サーキット運動

□走り　□跳び箱　□平均台　□ゴム跳び

□マット運動　□ボール運動　□なわ跳び

□クマ歩き

□グループ活動＿＿＿＿＿＿＿＿＿＿＿＿

□その他＿＿＿＿＿＿＿＿＿＿＿＿＿＿

●知能テスト・口頭試問

〈実施日〉 ＿月＿日 〈時間〉 ＿時＿分 ～ ＿時＿分 〈お手本〉□有 □無

〈出題方法〉 □肉声 □録音 □その他（　　　　　） 〈問題数〉 ＿枚 ＿問

分野	方法	内　　容	詳　細・イ　ラ　ス　ト
（例） お話の記憶	☑筆記 □口頭	動物たちが待ち合わせをする話	（あらすじ） 動物たちが待ち合わせをした。最初にウサギさんが来た。次にイヌくんが、その次にネコさんが来た。最後にタヌキくんが来た。 （問題・イラスト） ３番目に来た動物は誰か 
お話の記憶	□筆記 □口頭		（あらすじ） （問題・イラスト）
図形	□筆記 □口頭		
言語	□筆記 □口頭		
常識	□筆記 □口頭		
数量	□筆記 □口頭		
推理	□筆記 □口頭		
その他	□筆記 □口頭		

●制作　（例）ぬり絵・お絵かき・工作遊びなど

〈実施日〉＿＿月＿＿日　〈時間〉＿＿時＿＿分　～　＿＿時＿＿分

〈出題方法〉　□肉声　□録音　□その他（　　　　　）　〈お手本〉□有　□無

〈試験形態〉　□個別　□集団（　　　人程度）

材料・道具	制作内容
□ハサミ □のり（□つぼ　□液体　□スティック） □セロハンテープ □鉛筆　□クレヨン（　色） □クーピーペン（　色） □サインペン（　色）□ □画用紙（□ A4　□ B4　□ A3 　□その他：　　　　　） □折り紙　□新聞紙　□粘土 □その他（　　　　　）	□切る　□貼る　□塗る　□ちぎる　□結ぶ　□描く　□その他（　　　　　） タイトル：＿＿＿＿＿＿＿＿＿＿

●面接

〈実施日〉＿＿月＿＿日　〈時間〉＿＿時＿＿分　～　＿＿時＿＿分〈面接担当者〉＿＿名

〈試験形態〉□志願者のみ（　　）名　□保護者のみ　□親子同時　□親子別々

〈質問内容〉

※試験会場の様子をご記入下さい。

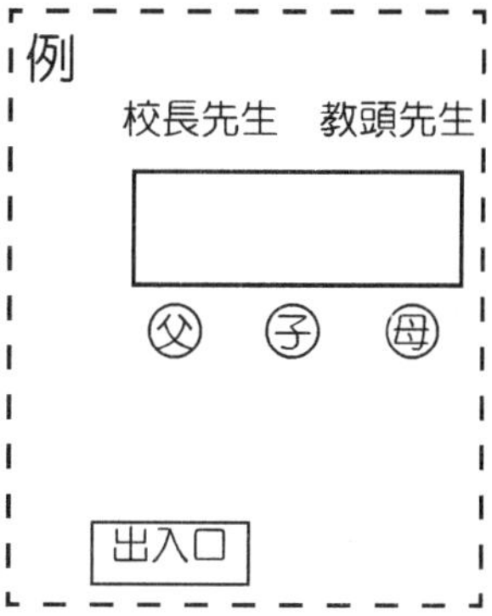

□志望動機　□お子さまの様子

□家庭の教育方針

□志望校についての知識・理解

□その他（　　　　　　　　　）

（　詳　細　）

・

・

・

・

●保護者作文・アンケートの提出（有・無）

〈提出日〉　□面接直前　□出願時　□志願者考査中　□その他（　　　　　　　）

〈下書き〉　□有　□無

〈アンケート内容〉

（記入例）当校を志望した理由はなんですか（150 字）

●説明会（□有　□無）〈開催日〉＿＿月＿＿日〈時間〉＿＿時＿＿分～＿＿時＿＿分

〈上履き〉　□要　□不要　〈願書配布〉　□有　□無　〈校舎見学〉　□有　□無

〈ご感想〉

●参加された学校行事 （複数回答可）

公開授業〈開催日〉＿＿月＿＿日〈時間〉＿＿時＿＿分～＿＿時＿＿分

運動会など〈開催日〉＿＿月＿＿日〈時間〉＿＿時＿＿分～＿＿時＿＿分

学習発表会・音楽会など〈開催日〉＿＿月＿＿日〈時間〉＿＿時＿＿分～＿＿時＿＿分

〈ご感想〉

※是非参加したほうがよいと感じた行事について

●受験を終えてのご感想、今後受験される方へのアドバイス

※対策学習（重点的に学習しておいた方がよい分野）、当日準備しておいたほうがよい物など

＊＊＊＊＊＊＊＊＊＊＊＊＊　ご記入ありがとうございました　＊＊＊＊＊＊＊＊＊＊＊＊＊

必要事項をご記入の上、ポストにご投函ください。

なお、本アンケートの送付期限は入試終了後３ヶ月とさせていただきます。また、入試に関する情報の記入量が当社の基準に満たない場合、謝礼の送付ができないことがございます。あらかじめご了承ください。

ご住所：〒＿＿＿＿＿＿＿＿＿＿＿＿＿＿＿＿＿＿＿＿

お名前：＿＿＿＿＿＿＿＿＿＿＿＿　メール：＿＿＿＿＿＿＿＿＿＿＿＿

ＴＥＬ：＿＿＿＿＿＿＿＿＿＿＿＿　ＦＡＸ：＿＿＿＿＿＿＿＿＿＿＿＿

アンケートのご記入
ありがとうございました

目指せ！合格！

家庭学習ガイド
筑波大学附属小学校

ペーパー　制作　口頭試問　行動観察　運動

入試情報

応募者数：男子 2,048 名　女子 1,781 名
出題形態：ペーパー、制作、運動、口頭試問
面　　接：なし（保護者作文あり）
出題領域：ペーパー（お話の記憶、図形）、制作、運動、行動観察、口頭試問

入試対策

2023 年度の考査（第二次）は、12 月 13 日～ 15 日の間に行われました。試験時間は全体で 60 分程度でした。当校の入学考査の特徴の 1 つは、ペーパーテストが標準よりも難しいことです。「お話の記憶」は少し短くなったとは言え、標準よりは長文でストーリーが複雑、なおかつ標準よりも問題の読み上げスピードも速いなど、小学校入試としてはかなり難しいレベルのものです。また、制作の問題は指示を覚え、素早く正確に作業する必要のある出題となっており、考査の内容も超難関校に相応しいものと言えるでしょう。過去の出題を把握し、例年、必ず出される課題はできるようにしておきましょう。「運動」「行動観察」「口頭試問」の内容は、変化がなくそれほど難しいものではありませんが、指示に従うことはもちろん、待機時の姿勢などの細かな指示を守れるかどうかも観られます。なお、2016 年度より、保護者の方に作文が課されています。お子さまの教育についての考えをまとめ、作文の基本についておさらいしておくとよいでしょう。

- ●制作の問題では、はじめに出される指示を聞き逃さないこと、テキパキと作業を進めることが大切です。
- ●第一次選考（抽選）の通過率は 40%前後。通過すると第二次選考（ペーパーテストなど）に進みます。
- ●生年月日別のA、B、Cのグループごとに別日程で試験が行われます。出題はグループごとに異なります。

出題分野一覧表

	ペーパーテスト	その他
2023年度	記憶：お話の記憶 図形：四方観察、回転・展開、回転図形、運筆	運動：クマ歩き、模倣体操 制作、行動観察、口頭試問
2022年度	記憶：お話の記憶 図形：図形の構成、回転・展開、回転図形、図形分割、合成	運動：クマ歩き 制作、行動観察、口頭試問
2021年度	記憶：お話の記憶 図形：図形の構成、展開、回転図形、重ね図形 数量：数の構成、比較	運動：クマ歩き 制作、口頭試問

「筑波大学附属小学校」について

〈合格のためのアドバイス〉

当校は日本最古の国立小学校であり、伝統ある教育研究機関の附属校として、意欲的かつ充実した教育を行っています。第一次選考の抽選の後、第二次選考で**口頭試問**、**ペーパーテスト**、**制作テスト**、**運動テスト**、**行動観察**を行い、男女各100名に絞られます。さらに第三次選考の抽選で入学予定者男女各64名が決定します。

第二次選考は、男女を生年月日別の３つのグループ（Ａ・Ｂ・Ｃ）に分けて実施されます。問題の内容はグループによって異なりますが、出題傾向に大きな差はなく、全グループ共通の観点で試験が行われていると考えられます。

口頭試問は、行動観察の後、立ったまま、１人に対して１～２つの質問をする形で行われました。質問の内容は「誰と来たか」「好きな○○」「今朝のごはん」など身近で答えやすい話題が多いため、回答までの時間、態度、言葉遣いなどが観られています。

ペーパーテストは、昨年は数量が出題されましたが、本年度は**お話の記憶**と**図形**と、例年通りの出題となりました。

お話の記憶は、近年少し短くなってきたものの、他校に比べ長く複雑であることと、服装、色、季節など、細かい描写を問う設問があることに変更はありません。お話を聞き記憶する力は、読み聞かせを繰り返すことで培われます。積み重ねを大切にしてください。

図形は、図形の構成を中心に回転図形、展開、分割なども出題されています。幅広く問題に取り組んで学力を付けることと同時に、たくさんの問題を見ても焦らないよう、制限時間内に多くの問題を解く能力も身に付けておきましょう。

制作テストでも、グループごとに違う課題が出されましたが、紙をちぎる、ひもを結ぶ、のりやテープなどで貼り合わせるといった基本的な作業は共通しています。ペーパーテストと同様、時間が短く、完成できない受験者も多かったそうです。ふだんから積極的に工作や手先を動かす作業を行い、器用さ、手早さを養いましょう。また、指示がしっかり聞けているか、取り組む姿勢はどうか、後片付けはできているかなども重要なポイントになりますので、練習の際には注意してください。

運動テストは、数年連続してクマ歩きが出題されています。**行動観察**では、基本的なゲームや遊びが出題されています。協調性を観点にしたものですが、特別な対策が必要なものではありません。

当校の試験は、近年やや簡単になったとは言え、標準から見ればまだまだ難度が高い入試です。過去に出題された問題がまた出題されることも少なくないので、過去の問題を熟読し、幅広い分野の学習を進めてください。また、「問題を確実にこなす」「うっかりミスをなくす」ことを心がけ、数多くの問題に慣れておくことを強くおすすめします。

〈2023年度選考〉

◆「入試対策」の頁参照

◇過去の応募状況

2023年度	男子2,048名	女子1,781名
2022年度	男子2,182名	女子1,836名
2021年度	男子2,177名	女子1,928名

筑波大学附属小学校

過去問題集

〈はじめに〉

現在、少子化が叫ばれているにもかかわらず、私立・国立小学校の入学試験には一定の応募者があります。入試は、ただやみくもに学習するだけでは成果を得ることはできません。志望校の過去における出題傾向を研究・把握した上で、練習を進めていくこと、試験までに志願者の不得意分野を克服していくことが必須条件です。そこで、本問題集は小学校を受験される方々に、志望校の出題傾向をより詳しく知って頂くために、出題頻度の高い問題を結集いたしました。最新のデータを含む精選された過去問題集で実力をお付けください。

また、志望校の選択には弊社発行の「2024年度版　首都圏・東日本　国立・私立小学校　進学のてびき（５月中旬刊行予定）」をぜひ参考になさってください。

〈本書ご使用方法〉

◆出題者は出題前に一度問題を通読し、出題内容などを把握した上で、〈 準 備 〉の欄に表記してあるものを用意してから始めてください。
◆お子さまに絵の頁を渡し、出題者が問題文を読む形式で出題してください。問題を読んだ後で、絵の頁を渡す問題もありますのでご注意ください。
◆「分野」は、問題の分野を表しています。弊社の問題集の分野に対応していますので、復習の際の目安にお役立てください。
◆一部の描画や工作、常識等の問題については、解答が省略されているものがあります。お子さまの答えが成り立つか、出題者が各自でご判断ください。
◆〈 時 間 〉につきましては、目安とお考えください。
◆本文右端の［〇年度］は、問題の出題年度です。［2023年度］は、「2022年の秋に行われた2023年度入学志望者向けの考査で出題された問題」という意味です。
◆学習のポイントは、指導の際にご参考にしてください。
◆【おすすめ問題集】は各問題の基礎力養成や実力アップにご使用ください。

〈本書ご使用にあたっての注意点〉

◆文中に **この問題の絵は縦に使用してください。** と記載してある問題の絵は縦にしてお使いください。
◆〈 準 備 〉の欄で、クレヨン・クーピーペンと表記してある場合は12色程度のものを、画用紙と表記してある場合は白い画用紙をご用意ください。
◆文中に **この問題の絵はありません。** と記載してある問題には絵の頁がありませんので、ご注意ください。なお、問題の絵の右上にある番号が連番でなくても、中央下の頁番号が連番の場合は落丁ではありません。
下記一覧表の●が付いている問題は絵がありません。

問題1	問題2	問題3	問題4	問題5	問題6	問題7	問題8	問題9	問題10
問題11	問題12	問題13	問題14	問題15	問題16	問題17	問題18	問題19	問題20
問題21	問題22	問題23	問題24	問題25	問題26	問題27	問題28	問題29	問題30
			●	●	●	●	●	●	●
問題31	問題32	問題33	問題34	問題35	問題36	問題37	問題38	問題39	問題40
問題41	問題42	問題43	問題44	問題45	問題46	問題47	問題48		

(得) 先輩ママたちの声！

◆実際に受験をされた方からのアドバイスです。
ぜひ参考にしてください。

筑波大学附属小学校

・「図形」も「お話の記憶」も問題数が多くて、時間が足りなくなりました。なるべく早くから問題集に取り組んで対策を取っておくべきです。

・上履きやスリッパは貸してもらえないので、絶対に忘れないように注意してください。滑るのでゴム底のものがおすすめです。

・子どもの試験の待機中に、保護者にも作文が課されました。指定されたテーマについて、25分程度でＡ４用紙１枚（約350字）に書くというものでした。今年はすべてのグループで同じテーマが出ました。

・保護者が作文を書く場所は、コロナ対策で窓が全開となっており、とても寒いので、防寒をしっかりした方がいいです。

・試験当日に書類を忘れたり、不備のある方が目立ちました。その場で失格ということはありませんが、別に回収されます。

・私立小入試の準備を入念していたお子さまには簡単な問題だったようです。「時間が余った」と言っていたお子さまもいました。

・運動テストでクマ歩きをするので、女子のスカートは避けた方がよさそうです。前髪も邪魔になるので上げておいて方がいいでしょう。また、体育館の床が滑りやすく、転んでしまう子もいたそうですが、なるべく素早くできるように練習しておくとよいと思います。

・制作テストは内容の割に、とにかく時間が短いです。ひも結びや紙ちぎりなどを重点的に遊びの中に取り入れて練習しておくと、当日焦らずできると思います。

・本校の子どもたちは１年中半そで・半ズボンだそうで、当日も寒い中、半そで・半ズボンのお子さまが多かったです。寒さに強い子にしておいた方がよいですね。

◎学習効果を上げるため、前掲の「家庭学習ガイド」及び「合格のためのアドバイス」をお読みになり、各校が実施する入試の出題傾向を、よく把握した上で問題に取り組んでください。
※冒頭の「本書のご使用方法」「ご使用にあたっての注意点」も併せてご覧ください。

2023年度の最新入試問題

問題1　分野：お話の記憶　Aグループ男子

〈準備〉　クーピーペン7色（橙・紫・黒・緑・赤・青・黄）

〈問題〉　もうすぐ、運動会です。クマくんは、「運動会の練習をしようよ。」と言って、チームのみんなと、小学校のグラウンドで練習をすることにしました。グラウンドには、イチョウの木がありますが、秋なのに葉っぱは、まだ緑色をしています。向こうの方では、キツネくんチームが練習をしています。それを見て、クマくんも「負けないぞ。」と、頑張って練習をすることにしました。クマくんチームは、始めに、玉入れの練習をすることにしました。クマくんは、「僕は、作戦を考えたんだ。玉は、下からふんわり投げるといいんだよ。」とみんなに言いました。ウサギさんは、教えてもらった通りに玉を投げると、3回目にようやく玉を入れることができました。玉入れのあとは、休憩をしました。ウサギさんが、「ミックスジュースを持ってきたの。」と言いました。ミックスジュースには、バナナ、パイナップル、リンゴ、オレンジが入っています。ところが、クマくんが、「学校にジュースを持っていってはいけないんだよ。」と言ったので、ウサギさんは、しょんぼりしてしまいました。それを見たクマくんは、「僕の水筒のお茶を飲んでいいよ。」と言って、ウサギさんにあげました。休憩の後は、かけっこの練習です。クマくんは、「走る時は、腕を大きく動かして走るといいよ。」と、また、みんなに教えてあげました。しかし、練習をしていると、途中でリスくんが、転んでしまいました。リスくんは、念のため、病院へ行くことになりました。それを見たクマくんは、とても心配そうです。タヌキさんとウサギさんは、「きっと大丈夫だよ。」と、クマくんを励ましました。それを聞いたクマくんは、少し笑顔になりました。練習が終わり、3人は家に帰ることにしました。帰る途中、空を見上げると、月が出ていました。クマくんは、家に帰った後も、リスくんが心配で、涙がこぼれてきました。そこで、クマくんのお母さんは、リスくんの家に電話をしてくれました。すると、リスくんは、「心配してくれてありがとう。僕、もう大丈夫だよ。」と言ったので、クマくんは、ようやく安心しました。クマくんのお父さんは、「運動会のために、新しい靴を買おうか。」と言ってくれました。クマくんは、日曜日に、お父さんと緑の靴を買いに行くことにしました。

（問題１の絵を渡す）

①イチョウは、このあと何色になるでしょうか。その色で、○を塗ってください。

②この中で、クマくんチームではない動物に、○をつけてください。

③この中で、ミックスジュースに入っていなかった果物に○をつけてください。

④クマくんチームが、最初に練習したものに○、２番目に練習したものに△をつけてください。

⑤ミックスジュースに入れた果物の数だけ、○を書いてください。

⑥ウサギさんが、玉入れの練習で玉を投げた数だけ、○を書いてください。

⑦クマくんたちが、家に帰る途中で見たものに、○をつけてください。

⑧転んで病院に行った動物に、○をつけてください。

⑨クマくんは、転んでしまったお友達が、大丈夫とわかった時、どのような顔になったか、○をつけてください。

⑩クマくんが、日曜日に買いに行くものに、○をつけてください。

〈時 間〉　各20秒

〈解 答〉　①黄色　②左から２番目（キツネ）・右から２番目（ネコ）
③左から２番目（ブドウ）　④左端に△・右端に○　⑤○４つ　⑥○３つ
⑦右から２番目（月）　⑧右端（リス）　⑨左から２番目
⑩右から２番目（運動靴）

学習のポイント

お話の文章は短く、質問の数が多いのが特徴です。設問数や出題傾向については、例年通り変わってはいません。記憶する文章が短く設問が多いということは、細部に渡り、記憶しなければ、質問には対応していけません。話を集中して聞くことが要求されます。練習するときに集中できるかどうかをまず心理状態を観てみましょう。初めに話を1度だけ読みます。話が終わった段階で、どのような話なのか、概略を聞いてみてください。その様子を観てから質問に移れば、集中度や記憶の度合いがわかります。記憶するだけの問題ではなく、話を聞いて、季節の順序や季節により植物の色の変化、心理描写などの知識や判断も要求されています。

【おすすめ問題集】

１話５分の読み聞かせお話集①②、 お話の記憶 初級編・中級編、
Ｊｒ・ウォッチャー19「お話の記憶」、34「季節」

問題２　分野：お話の記憶　Aグループ女子

〈準 備〉　クーピーペン７色（橙・紫・黒・緑・赤・青・黄）

〈問 題〉　お話を聞いて後の質問に答えてください。

昨日は、雨がポツポツと降っていたので、「明日も雨かなぁ。」とウサギさんは思いましたが、次の日、朝早く起きると、空はすっかり晴れていました。今日はリスさんのお誕生日です。ウサギさんとサルさんとキツネさんは、原っぱで待ち合わせをすることになっていました。ウサギさんは、急いで黄色いズボンを履いて、かばんの中には、星の模様の箱に入ったプレゼントを入れ、水筒を持って、待ち合わせの場所へ行くことにしました。ウサギさんが原っぱへ着くと、サルさんが先に来ていました。サルさんは、しましま模様の緑色のズボンを履いていました。サルさんが、「ウサギさん、おはよう。昨日は、雨が降っていたから、心配していたんだ。」と言ったので、ウサギさんも「私もよ。」と言いました。２人で、笑いながら話していると、キツネさんがやってきました。キツネさんは、水玉模様の赤いズボンを履いていました。３人は、並んで歩いて行くことにしました。先頭はサルさん、その次にキツネさん、最後にウサギさんの順番です。途中、公園があったので、少し休憩をすることにしました。３人で歌を4曲歌って、その後、キツネさんが持ってきていたおやつを、みんなで分けて食べることにしました。キツネさんは、バナナのマークの袋から、チョコとアメとクッキーを出しました。サルさんにはアメを２つ、ウサギさんにはクッキーを３枚あげました。食べ終わると、みんなでリスさんの家へ向かいました。リスさんの家に着くと、リスさんが、笑顔で迎えてくれました。リスさんは、「みんなで、外で遊ぼうよ。」と言ったので、外遊びをすることにしました。キツネさんは、「すべり台がいいな。」と言いました。サルさんは、「ブランコがいいな。」と言いました。そこで、みんなは、何をして遊ぼうか相談を始めました。でも、なかなか決まらず、リスさんは困ってしまいました。するとウサギさんが、「今日は、リスさんのお誕生日だから、リスさんがやりたいものにしたらどうかしら。」と言いました。リスさんが、「なわとびをしたいな。」と言ったので、みんなでなわとびをすることにしました。なわとびで遊んだ後、家に戻って、みんなは、リスさんにプレゼントを渡しました。サルさんはピンク色の花束、ウサギさんは絵本を渡しました。その日の夜、リスさんは、ウサギさんからもらった、かちかち山の本をお母さんに読んでもらいました。

家庭学習のコツ①　「先輩ママのアドバイス」を読みましょう！

本書冒頭の「先輩ママのアドバイス」には、実際に試験を経験された方の貴重なお話が掲載されています。対策学習への取り組み方だけでなく、試験場の雰囲気や会場での過ごし方、お子さまの健康管理、家庭学習の方法など、さまざまなことがらについてのアドバイスもあります。先輩ママの体験談、アドバイスに学び、ステップアップを図りましょう！

（問題２の絵を渡す）
①今日は、どんなお天気になりましたか。お天気の絵に○をつけてください。
②ウサギさんのズボンの色で、○を塗ってください。
③リスさんの家へ行く途中、先頭だった動物に、○をつけてください。
④途中で休憩した公園で、歌った曲の数だけ、○を書いてください。
⑤キツネさんが持っていたおやつの袋のマークの絵に、○をかいてください。
⑥キツネさんのズボンの柄に、○をつけてください。
⑦サルさんは、おやつに、なにをいくつ食べましたか。おやつに○をつけた後、その下に食べた数の分だけ、○を書いてください。
⑧みんなで外遊びをしようとしましたが、なかなか遊びが決まらなかった時の、リスさんの顔に○をつけてください。
⑨ウサギさんが、リスさんにあげたプレゼントに、○をつけてください。
⑩「かちかち山」のお話に出てくる動物に○をつけてください。

〈時 間〉 各20秒

〈解 答〉 ①右端（晴れ） ②黄色 ③左端（サル） ④○４つ ⑤右端（バナナ）
⑥左から２番目（水玉模様） ⑦左から２番目（アメ）・○２つ
⑧右から２番目（困った顔） ⑨右端（星柄の四角い箱）
⑩左から２番目（タヌキ）・右端（ウサギ）

学習のポイント

文章は短く設問の数が多いのは、男子Ａと同様です。問題１と同様に細部にわたり記憶しなければ解答は困難になります。登場人物や色などの要素が込み入っているので、集中して聞き、記憶していかなければなりません。また、クーピーペンを使用して色で答える問題があります。筆記用具の使用にも慣れておきましょう。豊富な内容をイメージしながら記憶していくには、多くの読み聞かせの練習をすることが大切です。単に記憶するだけではなく、ジャンルの異なる本の読み聞かせや、理科的な知識をつけていける図鑑や、外出時などを利用して知識、常識、マナーなどを学んで行くように心がけていきましょう。

【おすすめ問題集】
１話５分の読み聞かせお話集①②、 お話の記憶 初級編・中級編、
Ｊｒ・ウォッチャー19「お話の記憶」

問題3　分野：お話の記憶　Bグループ男子

〈準備〉　クーピーペン７色（橙・紫・黒・緑・赤・青・黄）

〈問題〉　お話を聞いて後の質問に答えてください。

昨日は雨でしたが、今日は、とてもよい天気です。タヌキさん、キツネさん、ウサギさんは、夏祭りに出かけました。タヌキさんは、ずいぶん前から夏祭りの花火大会を楽しみにしていました。お祭りの会場に着くと、とてもよい匂いがしてきました。みんなは、何を買おうか、色々と悩みましたが、ウサギさんはメロン味のかき氷、キツネさんは焼きそば、タヌキさんはタコ焼きを買うことにしました。３人は座って食べようと、空いているベンチを探しました。すると、ベンチに座ってわたあめを食べているクマさんを見つけました。クマさんは、「ここが空いているから、どうぞ。」と言って、一緒に座って食べることになりました。みんなが食べ終わった後、今度は、クマさんも一緒に遊ぶことにしました。楽しく遊んだ後、「そろそろ、おうちへ帰らないといけないね。」と言って、タヌキさん、キツネさん、ウサギさんは、家へ帰ることにしました。ところが、帰る途中、一人でキョロキョロしているネコさんに会いました。どうやら、ネコさんは、迷子になってしまったようです。ネコさんは、３つのボタンの付いた、緑色のシャツを着ていました。３人は、ネコさんに優しく声を掛けました。タヌキさんは、「ネコさん、心配しなくていいよ。僕、交番に行ってくるね。」と言って、走って行きました。ウサギさんとキツネさんは、ネコさんと一緒に、お父さんとお母さんを探してあげることにしました。ネコさんは、時々泣きそうになりましたが、ウサギさんとキツネさんが一緒に探してくれているので、泣かないでいることができました。夏祭りの会場は、たくさんの人で混んでいましたが、探している途中で、お友達のカエルさんに会いました。ふたりは、カエルさんに、「ネコさんのお父さんとお母さんを見かけなかったかな。」と聞いてみると、カエルさんは、「そういえば、さっき交番で、お巡りさんと話しているところを見かけたよ。」と教えてくれました。早速、交番に行ってみると、心配そうな顔をしている、ネコさんのお父さんとお母さんがいました。ネコさんは、嬉しくなって、思わずお母さんに抱きつきました。

家庭学習のコツ②　「家庭学習ガイド」はママの味方！

問題演習を始める前に、試験の概要をまとめた「家庭学習ガイド（本書カラーページに掲載）」を読みましょう。「家庭学習ガイド」には、応募者数や試験課目の詳細のほか、学習を進める上で重要な情報が掲載されています。それらの情報で入試の傾向をつかみ、学習の方針を立ててから、対策学習を始めてください。

（問題３の絵を渡す）

①昨日の天気は、どうでしたか。○をつけてください。
②このお話の季節によく食べるものに、○をつけてください。
③ウサギさんが食べたものは、何味のどのようなものでしたか。○をつけてください。
④キツネさんが食べたものに、○をつけてください。
⑤お祭りの途中で会って、一緒に遊んだ動物に○をつけてください。
⑥ネコさんが着ていたシャツの色で、○を塗ってください。
⑦ネコさんの着ていたシャツに付いていたボタンの数だけ、○を書いてください。
⑧ネコさんのお父さんとお母さんが交番にいると教えてくれた動物に○をつけてください。
⑨お父さんとお母さんに会えた時の、ネコさんの顔に○をつけてください。
⑩タヌキさんが、夏祭りで、一番楽しみにしていたことに○をつけてください。

〈時間〉　30秒

〈解答〉　①左から２番目（雨）　②右端（スイカ）
③上：左から２番目（メロン）・下：右端（かき氷）　④左端（やきそば）
⑤右から２番目（クマ）　⑥緑色　⑦○３つ　⑧右端（カエル）
⑨左から２番目（笑顔）　⑩右から２番目（花火）

学習のポイント

文章の長さは他の問題と大差ありませんが、本文の場合、「お友達とお祭りを楽しむお話」から、「迷子のネコさんを助けてあげるお話」へと、内容が切り替わっています。お話の内容が、初めから最後まで同じながれで進むとは限りません。このようなパターンの問題も、しっかり対策しましょう。また、「いつ」「誰が」「どこで」「何をしたか」を、正確に把握する必要があるため、難易度が高い問題といえます。このような記憶の練習には、多くの読み聞かせをすることが必要です。慣れない場合は、本文を２回読み上げる、本文を途中まで読み上げ、設問に移るなどして、難易度を落として取り組むとよいでしょう。

【おすすめ問題集】

１話５分の読み聞かせお話集①②、　お話の記憶 初級編・中級編、
Ｊｒ・ウォッチャー19「お話の記憶」、34「季節」

問題4　分野：お話の記憶　Bグループ女子

〈準 備〉　クーピーペン７色（橙・紫・黒・緑・赤・青・黄）

〈問 題〉　お話を聞いて後の質問に答えてください。

ゆうかさんは、お友だちと４人で山登りに行くことになりました。お庭には、桜の花が咲いています。ゆうかさんは、支度を始め、赤いリュックを背負いました。お友達のけんたくんは、青い靴を履いていくことにしました。りょうくんは、黄色と緑色の帽子で迷いましたが、結局、緑色の帽子を被っていくことに決めました。4 人は、駅で待ち合わせをすることにしました。みんなが揃ったので、電車に乗って、3 つ目のおおやま駅で降りました。そして、歩き始めました。しばらくすると、疲れてしまったので、山の途中にあった黄色いベンチに座って、休憩をすることにしました。ベンチに腰掛け、さやかさんが持ってきた、水玉模様の水筒を飲もうとしたら、手が滑って、水筒を落としてしまいました。水筒は、山道を転がり落ちていきました。それを見て、けんたくんとりょうくんは、走って取りに行ってくれました。二人から水筒を受け取ったさやかさんは、「ありがとう。」と言うと、笑顔になりました。みんなは、休憩をした後、山のてっぺんを目指して歩き始めました。ようやく、山のてっぺんに着いたので、4人は、レジャーシートを広げて、お弁当を食べることにしました。ゆうかさんはサンドイッチ、けんたくんはやきそば、さやかさんとりょうくんはおにぎりを食べました。お弁当を食べた後は、山の上から街の景色を見ることにしました。みんなが通っている学校と、待ち合わせをした駅が見えました。山の上から、「やっほー」と叫ぶと、「やっほー」とやまびこが返ってきました。山のてっぺんで楽しく過ごした後、みんなは、山を下ることにしました。下り道の途中で、リスを見つけました。リスは、くるみを食べていました。みんなは、「かわいいね。」と笑顔になりました。今日の楽しかった思い出を、みんなで話しながら山を下りました。さやかさんは、「けんたくんとりょうくんが、私の水筒を拾ってきてくれたことが、今日一番の思い出だわ。」と言いました。けんたくんは、「やまびこが、楽しかった。」と言いました。りょうくんは、「山の上から、街の景色を見ることができて、楽しかった。」と言いました。

（問題４の絵を渡す）
①４人が待ち合わせにした場所に○をつけてください。
②みんなは、いくつ目の駅で降りましたか。その数だけ○を書いてください。
③けんたくんの靴の色で、○を塗ってください。
④りょうくんが迷った帽子の色と、同じ色の果物に○をつけてください。
⑤さやかさんの水筒の模様に○をつけてください。
⑥休憩をした場所に○をつけてください。
⑦ゆうかさんのお弁当に○をつけてください。
⑧山を下る途中で見た動物に○をつけてください。
⑨山のてっぺんから見えたものに○をつけてください。
⑩水筒を拾ってもらったときのさやかさんの顔に○をつけてください。

〈時 間〉　各20秒

〈解 答〉　①左から２番目（駅）　②○３つ　③青色
④左端（緑：スイカ）・右から２番目（黄色：バナナ）
⑤右から２番目（水玉模様）　⑥左から２番目（ベンチ）
⑦左端（サンドウィッチ）　⑧右端（リス）
⑨右から２番目（学校）・右端（駅）　⑩右から２番目（ニコニコ顔）

学習のポイント

他の問題と同様に短文で内容が込み入ってます。当校の記憶の問題はただ記憶すればよいだけにとどまらず、気持ちの表情まで考える質問も出ています。お子さんに喜怒哀楽の感情が出たとき、どのような顔になっているかを知ることで、人の表情がわかる様になり、このような問題にも対応していけるようになるでしょう。当校は生まれ月により問題にも配慮がされていますので、内容が込み入ってますが、記憶がしやすく、質問の難易度も優しくなっています。1度の読み聞かせで解答ができなければ、時間をあけて、再度挑戦してみてください。できたときの喜びが次につながっていきます。

【おすすめ問題集】
　1話5分の読み聞かせお話集①②、　お話の記憶　初級編・中級編、
　Ｊｒ・ウォッチャー19「お話の記憶」

問題5　分野：お話の記憶　Cグループ男子

〈準　備〉　クーピーペン７色（橙・紫・黒・緑・赤・青・黄）

〈問　題〉　お話を聞いて後の質問に答えてください。

今日は、イヌのポッケのお誕生日です。ポッケの家の周りには、大きな桜の木が何本もあって、今は花が満開です。ポッケは、いつもよりずっと早くに起きて、青いＴシャツに着替えると、「お母さん、今日は何の日か知ってる？」と、ポッケはニコニコしながら、お母さんに聞きました。すると、「もちろんよ。ポッケのお祝いのために、イチゴゼリーを作っているのよ。」とお母さんが言いました。「わーい。僕の好きなゼリーだ。」と喜びました。お母さんが、「ポッケは、今日で、いくつになるの。」と聞いたので、「６歳になるんだ。」と元気よく答えました。ポッケは、お母さんに「お隣のおばあちゃんのおうちに行ってくるね。」と言って、おばあちゃんの家に行きました。おばあちゃんも早起きをしていて、家からは、なんだかいい匂いがしてきます。「おばあちゃん、おはようございます。」とポッケが元気な声であいさつすると、おばあちゃんが出てきて、「今日は、ポッケのお誕生日ね。おめでとう。」と言ってくれたので、ポッケは嬉しくなりました。「お誕生日会のケーキを焼いたのよ。ポッケも手伝ってくれるかしら。」と、言うと、「このケーキに、ポッケの歳の数だけ、ロウソクをさしてちょうだいね。」と言って、ロウソクを渡しました。ポッケは、数を数えて、ロウソクをケーキにさしました。お誕生日会の準備ができた頃、クマくんとウサギさんがポッケの家にお祝いに来てくれました。お母さんとおばあちゃんが、ゼリーとケーキをテーブルに並べると、ごちそうでいっぱいになりました。ロウソクに火をつけると、みんながハッピーバースデーの歌を歌ってくれました。ポッケは、思い切り空気を吸い込み、ロウソクの火を消しました。みんなが、「お誕生日おめでとう。」と言って拍手をしてくれました。ケーキは、お母さんが、全員仲良く食べられるように切り分けてくれました。その後、クマくんは木でできた車、ウサギさんはチューリップの花束をプレゼントしてくれました。みんなで、あやとりやトランプで遊んで、楽しく過ごしました。

（問題５の絵を渡す）
①今日のポッケの洋服の色で、○を塗ってください。
②お話の季節と同じものに、○をつけてください。
③ポッケに○をつけてください。
④ケーキの上のロウソクの数だけ、○を書いてください。
⑤お誕生日に来てくれた動物に○をつけてください。
⑥ウサギさんからもらったプレゼントに、○をつけてください。
⑦ゼリーの色と同じ色で○を塗ってください。
⑧ケーキは、どのように分けるとよいでしょうか。正しい絵に○をつけてください。
⑨この日のポッケの顔に○をつけてください。
⑩みんなで遊んだものすべてに○をつけてください。

〈時 間〉　各20秒

〈解 答〉　①青　②右端（兜）　③左から２番目（犬）　④○が６つ
⑤左端（クマ）・右端（ウサギ）　⑥左端（チューリップ）　⑦赤
⑧右から２番目（５等分）　⑨左端（笑顔）
⑩左から２番目（トランプ）・右から２番目（あやとり）

学習のポイント

問題文の長さは生まれ月に関わらず、ほぼ同じです。難易度が少しずつ優しくなっています。問題5では、質問されていることが文章には記載されていません。本文の内容から類推しなければなりません。季節、ろうそくの本数、ゼリーの色などがそうです。この問題で注意するところは⑧のケーキの分け方です。問題文には「全員仲良く」とあります。お友だちだけに気が向き、祖母、母親が考えから外れてしまう恐れがあります。

【おすすめ問題集】
１話５分の読み聞かせお話集①②、　お話の記憶 初級編・中級編、
Ｊｒ・ウォッチャー19「お話の記憶」、34「季節」

問題6　分野：お話の記憶

Cグループ女子

〈準 備〉　クーピーペン７色（橙・紫・黒・緑・赤・青・黄）

〈問 題〉　お話を聞いて後の質問に答えてください。

外は、真っ白な世界です。寒いのが大好きなペンギンさんは、お友達のイヌさんとヒツジさんに、「冬のキャンプに行こうよ。」と誘いました。イヌさんも、雪が大好きなので、「行こう、行こう。」と言いました。ヒツジさんも「私も、今は沢山お洋服をまとっているから、寒さなんて平気よ。」と言ってくれたので、３人で、キャンプに出掛けることになりました。ペンギンさんは、青いマフラーをして、楽しみのかき氷を食べるためのイチゴのジャムを持っていくことにしました。イヌさんは、黄色い帽子に、長袖のセーターと手袋をしていきます。ヒツジさんは、鈴のネックレスをつけて行きます。出発の朝は、少し曇っていて、ペンギンさんは、少し遅れてしまいました。集合場所の三角の看板のバス停に、一番早く着いたのは、イヌさんでした。次に、ヒツジさんがやってきました。「ペンギンさん、まだかな。」と言って、バス停のそばのベンチに座っていると、「遅くなって、ごめんなさい。」と、ペンギンさんは、申し訳なさそうな顔をしながら、走ってやってきました。3　人揃ったので出発です。バスに乗って、6つ目のキャンプ場バス停に到着しました。「みんなで、ホットケーキを食べようと思って、ホットケーキの材料を持ってきたの。」とヒツジさんが言いました。みんなは喜んで、早速ホットケーキを焼き始めました。美味しそうな香りが漂って、ペンギンさんはワクワクしてきました。ペンギンさんは、「私は、ジャムを持ってきたから、ホットケーキと一緒に食べましょう。」と言いました。ジャムのついたホットケーキは、思った以上に美味しくて、イヌさんとヒツジさんは3枚ずつ食べてお腹がいっぱいになりましたが、お腹がすいていたペンギンさんは、イヌさんたちより２枚多く食べてしまいました。ヒツジさんが、「ペンギンさん、楽しみにしていたかき氷は、どうするの。」と、気にしてくれましたが、ペンギンさんは、もうお腹がいっぱいで、とても食べることができません。「あーあ、かき氷は、食べることができないわ。でも、ホットケーキをこんなに美味しく食べたのは、初めてよ。」と言って、笑いました。

家庭学習のコツ②　**「家庭学習ガイド」はママの味方！**

問題演習を始める前に、試験の概要をまとめた「家庭学習ガイド（本書カラーページに掲載）」を読みましょう。「家庭学習ガイド」には、応募者数や試験課目の詳細のほか、学習を進める上で重要な情報が掲載されています。それらの情報で入試の傾向をつかみ、学習の方針を立ててから、対策学習を始めてください。

（問題６の絵を渡す）
①キャンプに出掛けた日のお天気に、○をつけてください。
②お話と同じ季節の絵に、○をつけてください。
③ペンギンさんが、キャンプにしていったマフラーの色で、○を塗ってください。
④キャンプへ行くときに、待ち合わせをした場所に、○をつけてください。
⑤待ち合わせのバス停に着いたときの、ペンギンさんの顔に○をつけてください。
⑥集合場所のバス停からいくつめのバス停で降りましたか。その数だけ○を書いてください。
⑦ホットケーキの材料を持ってきた動物に、○をつけてください。
⑧イヌさんが被って行った帽子の色と同じ色のものに、○をつけてください。
⑨ペンギンさんが食べたホットケーキの数だけ、○を書いてください。
⑩ペンギンさんが食べることができなかったものに、○をつけてください。

〈時 間〉　各20秒

〈解 答〉　①左から２番目（曇り）　②左端（節分）　③青
④右から２番目（三角のバス停）⑤左から２番目（申し訳ない顔）
⑥○６つ　⑦右から２番目（ヒツジ）　⑧左端（バナナ）
⑨○５つ　⑩左端（かき氷）

学習のポイント

どのグループでも、季節、天候、服装の特徴や持ち物、順番や場所、数、表情などが問われています。基礎的な知識は、確実に押さえておきましょう。始めのうちは、お話をある程度の長さで一度止め、どのような内容か、お子さんに聞いてみましょぅ。お子さん自身が、聞き取りのポイントを掴んでくるはずです。慣れてきたら、お話の流れを、絵を描くようにして記憶することができます。また、コロナによるマスク生活が長く続いている影響で、相手の表情や感情を読み取る力が弱くなっている傾向があり、表情を読み解く出題が増えています。読み聞かせをしながら、必要に応じて、どんな気持ちか、どんな顔をしているか、などを聞いてみるとよいでしょう。

【おすすめ問題集】
１話５分の読み聞かせお話集①②、 お話の記憶 初級編・中級編、
Ｊｒ・ウォッチャー19「お話の記憶」、34「季節」

問題7　分野：図形　Aグループ男子

〈準 備〉　クーピーペン７色（橙・紫・黒・緑・赤・青・黄）

〈問 題〉　左上の太い枠の中の絵を見てください。積み木が左のように積まれています。これを上から見た時の様子を、右の３つの絵から探して、○をつけてください。

〈時 間〉　３分

〈解 答〉　下図参照

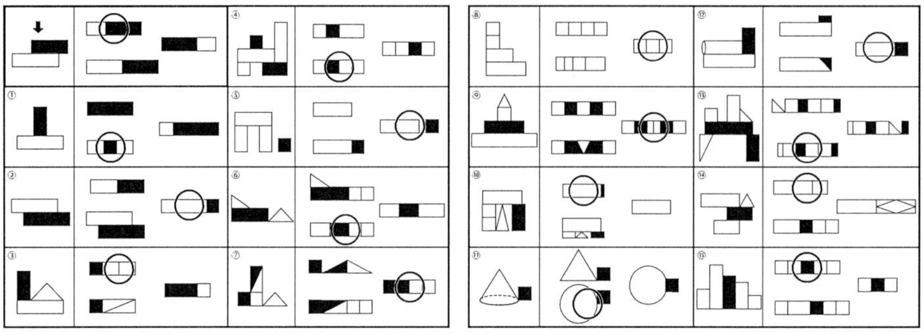

学習のポイント

四方から見た図形の問題です。四方図の理解が不十分のようであれば、具体物を使い、上にあるどの積み木で、どの部分が隠されて見えなくなるのかをしっかりと確認します。上から見た時の様子をイメージできるようにしましょう。特に三角形の積み木は、頂点の部分が線として表記されます。上から見た時の図面では四角形２つで示されるので、このような表記のされ方にも慣れていく必要があります。

【おすすめ問題集】

Ｊｒ・ウォッチャー10「四方からの観察」、16「積み木」
53「四方の観察（積み木編）」、筑波大学附属小学校 図形攻略問題集①②

家庭学習のコツ③　効果的な学習方法～問題集を通読する

過去問題集を始めるにあたり、いきなり問題に取り組んではいませんか？　それでは本書を有効活用しているとは言えません。まず、保護者の方が、すべてを一通り読み、当校の傾向、ポイント、問題のアドバイスを頭に入れてください。そうすることにより、保護者の方の指導力がアップします。また、日常生活のさまざまなことから、保護者の方自身が「作問」することができるようになっていきます。

問題8　分野：図形　Aグループ女子

〈準備〉　クーピーペン７色（橙・紫・黒・緑・赤・青・黄）

〈問題〉　左上の太い枠の中の絵を見てください。これは、大きさの違う真四角の積み木が重なっている様子を、上から見た絵です。これを矢印の方向から見た時、どのように見えるかを、右の３つの絵から探して、〇をつけてください。

〈時間〉　３分

〈解答〉　下図参照

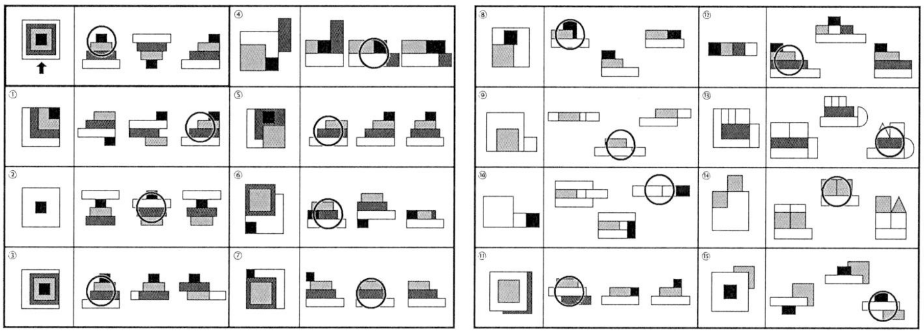

学習のポイント

問題７の逆のパターンの問題です。同じく四方図ですが、今度は上から見えた様子を、横から見た場合どのように重なっているかという問題です。いずれにしても、四方図の理解がしっかりできていなければ、解答には時間がかかるでしょう。これらは、勉強としてではなく、日頃の遊びの中で「おもしろいな」という感覚で身に付けていけるのが理想です。お子さま自身が積み木を積み重ね、上から見た時、横から見た時の様子を描いてみるのも、着眼点を養うよい方法でしょう。運筆、点図形、模写、絵画にも活かすことができます。

【おすすめ問題集】

Ｊｒ・ウォッチャー10「四方からの観察」、16「積み木」
53「四方の観察（積み木編）」、筑波大学附属小学校 図形攻略問題集①②

問題9　分野：図形　Bグループ男子

〈準 備〉　クーピーペン７色（橙・紫・黒・緑・赤・青・黄）

〈問 題〉　左上の太い枠の中の絵を見てください。積み木が左のように積まれています。これを上から見た時の様子を、右の３つから探して、○をつけてください。

〈時 間〉　３分

〈解 答〉　下図参照

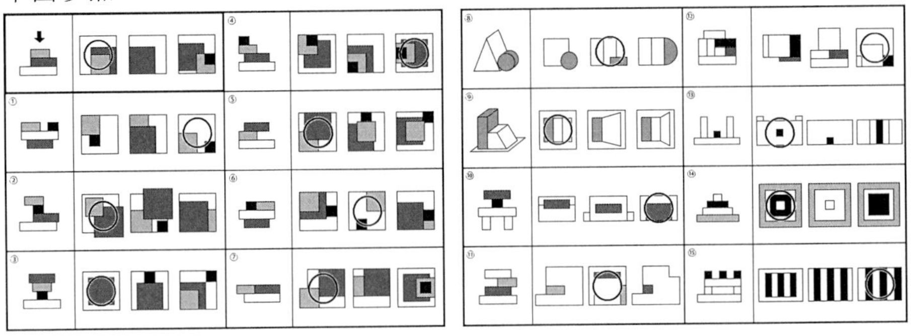

学習のポイント

問題７と同じ内容の四方図の問題です。基本的な積み木の理解と平面図から立体的にイメージできる、その応用力が必要です。まずは、横から見た時の図で、どの積み木が一番上になっているのかを掴むことが大事です。選択肢の中で、一番上にある積み木ではないものは、消去します。残り２択で迷った場合は、横から見た場合、同じ高さだと隠れてしまう積み木もあることに気付くことができれば、正しい答えを出すことができます。焦らず、お子さん自身が本当に理解し正答できるよう、具体物を使いつつ、ペーパー問題を取り組んでいきましょう。

【おすすめ問題集】

Ｊｒ・ウォッチャー10「四方の観察」、16「積み木」

53「四方の観察（積み木編）」、筑波大学附属小学校 図形攻略問題集①②

問題10　分野：図形　Bグループ女子

〈準備〉　クーピーペン７色（橙・紫・黒・緑・赤・青・黄）

〈問題〉　左上の太い枠の中の絵を見てください。左端の絵が、矢印の方向に矢印の数だけ回転した時どうなるか、右の３つの絵から探して、○をつけてください。

〈時間〉　３分

〈解答〉　下図参照

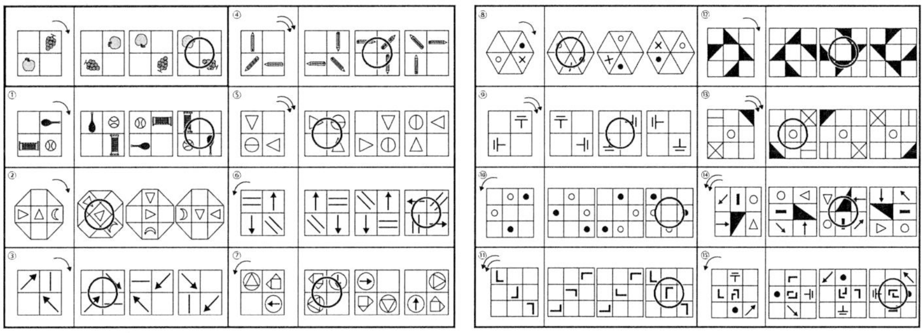

学習のポイント

回転図形の考え方は、まず、矢印の方向に１回転した場合、どの辺が下になるかを考えます。左にある形の底辺が、回転することにより変わっていくことの理解が必要です。折り紙などを使い、４つの辺を色別に塗って、回転していく時の様子を実際に確認していきましょう。回転した後、底辺が変わると、中の模様や点の位置も追随して変化したように見えていきますので、各辺の方向を考えながら理論立てて理解することができるよう、簡単な問題から取り組んでいきましょう。苦手意識が生じないようにすることが大切です。

【おすすめ問題集】

Ｊｒ・ウォッチャー5「回転・展開」、46「回転図形」

問題11　分野：図形　Bグループ女子

〈準備〉　クーピーペン７色（橙・紫・黒・緑・赤・青・黄）

〈問題〉　左上の太い枠の中の絵を見てください。左の形を色々な方向に、回転させた時にできる形を、右の４つの絵から探して、○をつけてください。

〈時間〉　３分

〈解答〉　下図参照

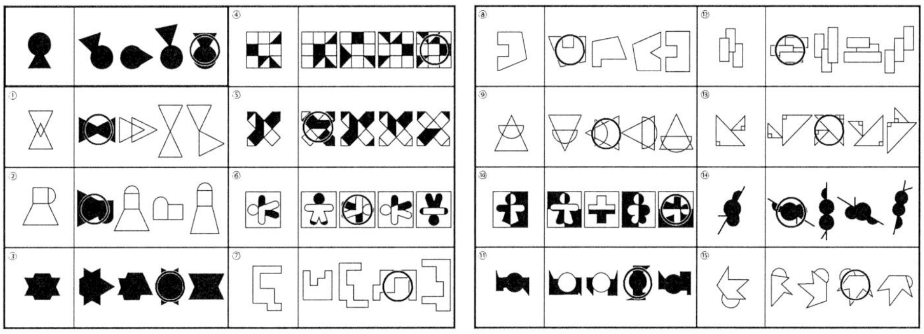

学習のポイント

すぐに解答が見つからない場合は、４つの選択肢があるので、まずは、消去法で考えましょう。図形の大きさや重なりの様子に注意し、明らかに違うものは、選択肢から外します。除外するものがはっきりすると、正答を見つけやすくなります。スピードも求められるので、練習を重ね、時間内の全正答を目指していきましょう。

【おすすめ問題集】
Ｊｒ・ウォッチャー5「回転・展開」、46「回転図形」、
筑波大学附属小学校 図形攻略問題集①②

問題12　分野：回転図形　Cグループ男子

〈準 備〉 クーピーペン７色（橙・紫・黒・緑・赤・青・黄）

〈問 題〉 左上の太い枠の中の絵を見てください。左の絵が、矢印の方向に矢印の数だけ倒した時どうなるか、右の絵の空いているところに模様を書いてください。

〈時 間〉 ３分

〈解 答〉 下図参照

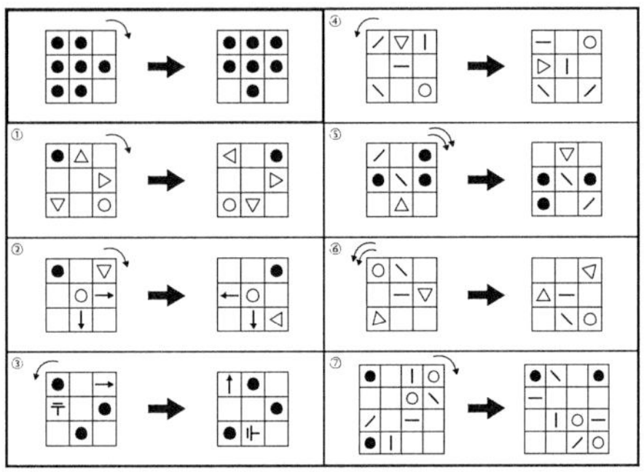

学習のポイント

問題10と同じ内容ですが、表現の仕方が「回転」ではなく「倒す」となっています。表現の仕方次第で、混乱することもあるので、同じ考え方であるということを理解できることが必要です。問題10のアドバイスを参照し、同じように取り組んでください。

【おすすめ問題集】
Ｊｒ・ウォッチャー5「回転・展開」、46「回転図形」
筑波大学附属小学校 図形攻略問題集①②

問題13　分野：推理　Cグループ男子

〈準 備〉　クーピーペン７色（橙・紫・黒・緑・赤・青・黄）

〈問 題〉　左上の太い枠の中の絵を見てください。動物たちが、シーソーに乗って、重さ比べをしています。このように重さ比べをした時、一番重い動物を右の３つから探して、○をつけてください。

〈時 間〉　３分

〈解 答〉　下図参照

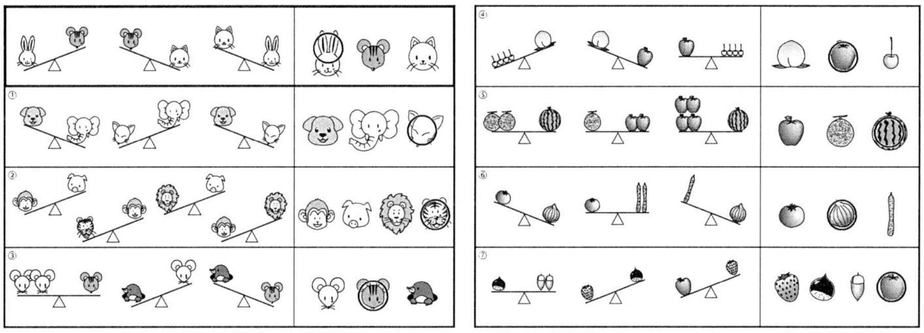

学習のポイント

シーソー問題など、重さ比べ問題は、実際の重さ比べとは違います。提示された絵の条件の中で考える、ということに慣れておきましょう。実際には、ゾウとキツネの重さ比べをしたら、ゾウの方が重いので、お子さんによっては、混乱してしまうこともあるかもしれません。あえて、このような問題が出されるので、条件による考え方ができるように練習していきましょう。一番重いものは、常にシーソーで下になっています。問題に慣れてきたら、解答も早くなるでしょう。

【おすすめ問題集】

Ｊｒ・ウォッチャー33「シーソー」

問題14　分野：運筆　Cグループ男子

〈準 備〉　クーピーペン７色（橙・紫・黒・緑・赤・青・黄）

〈問 題〉　①左の四角の中に○を描いてください。そこに○を描き足して、三重丸にしてください。
②右の四角の中に△を描いてください。そこに△を描き足して、三重の三角形にしてください。

〈時 間〉　各15秒

〈解 答〉　下図参照

学習のポイント

始めに書いた形が 小さければ、外側に形を追加し、始めに書いた形が大きければ、内側に形を追加していく、という発想が必要です。更に運筆力です。丸は何とか書くことができても、大きい三角形を書くのは、なかなか難しいことです。フリーハンドで書くことが 難しいようであれば、三角形は、頂点三点の印をつけ、点図形のように線結びして書いてみ ましょう。

【おすすめ問題集】

Ｊｒ・ウォッチャー１「点・線図形」、51・52「運筆①②」

問題15　分野：図形　Cグループ女子

〈準備〉　クーピーペン７色（橙・紫・黒・緑・赤・青・黄）

〈問題〉　左上の太い枠の中の絵を見てください。左端の三角形を、すぐ右にあるサイコロの目の数だけ、矢印の方向に転がした時の絵を、右から選んで、○をつけてください。

〈時間〉　３分

〈解答〉　下図参照

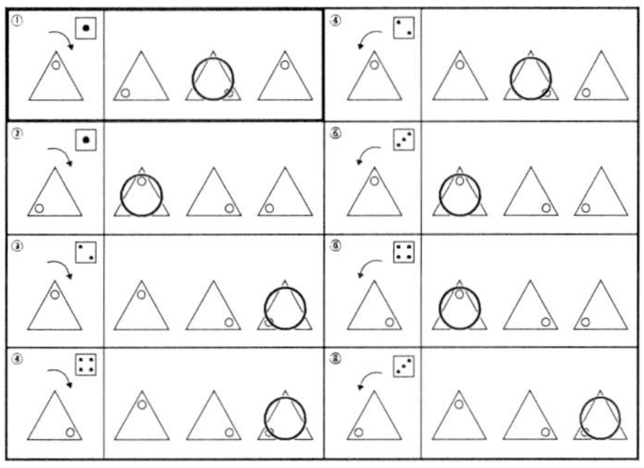

学習のポイント

基本的な回転図形の問題ですが、この月齢でのお子さんにとっては、混乱してしまうことも十分考えられます。練習としては、三角形の紙を用意し、一辺ごと色を変えて色を塗り、一回倒れるとどの辺が下になるか、二回倒れるとどの辺が下になるかを、示して確認させましょう。また、三角形は三辺しかないので、サイコロの目が３、６の場合はもとに戻ることも、実物を使い理解できるようにしていくとよいでしょう。次の段階では、色別に辺を塗ることによって、内側の丸がどの辺と辺の間にあるのか、合わせて考えるようにしてください。簡単なものから練習をして、確実な理解に結び付けていきましょう。

【おすすめ問題集】
Ｊｒ・ウォッチャー5「回転・展開」、46「回転図形」
筑波大学附属小学校　図形攻略問題集①②

問題16　分野：図形　Cグループ女子

〈準備〉　クーピーペン７色（橙・紫・黒・緑・赤・青・黄）

〈問題〉　左上の太い枠の中の絵を見てください。左端の形を色々な方向に、回転させた時、作ることができない形を、右の３つの絵から探して、○をつけてください。

〈時間〉　３分

〈解答〉　下図参照

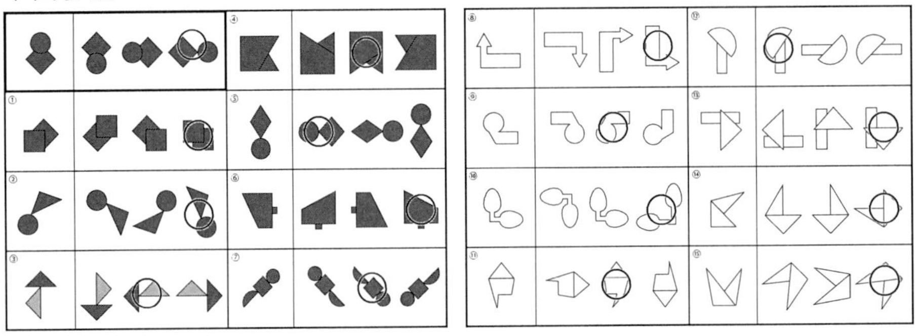

学習のポイント

回転の方向の指示がなく、また、四角形等の図形ではないので、回転していく様子をしっかりと把握できていないと難しい問題です。まずは、左上のお手本の形を見ましょう。図形の大きさや重なり具合をみて、明らかに違う組み合わせは、すぐにわかると思います。③以降は、左右弁別の理解も必要になってきます。具体物を使っての解答だけではなく、問題を解くにあたっての、しっかりとした理由を解説し、お子さんが納得できてから、同じような問題の取り組みを重ねることも大事だと思います。

【おすすめ問題集】
Ｊｒ・ウォッチャー5「回転・展開」、46「回転図形」
筑波大学附属小学校　図形攻略問題集①②

問題17　分野：制作　Aグループ男子

〈準備〉　顔と点線が描かれた画用紙（1/2サイズ）、丸が描かれた紙、折り紙、クーピーペン12 色、スティックのり、丸シール、綴じひも、白い紙

〈問題〉　これから「野球少年」を作ってもらいます。
①顔が描かれた紙の右下にある点線部分を青のクーピーペンでなぞりましょう。
②星は黄色で塗ります。
③丸を手でちぎって、星と顔の間にある○の上に貼ります。
④顔が描かれた画用紙を筒にして、のりで貼り合わせます。この時、上に空いている穴を塞がないようにします。
⑤穴の内側からひもを通し、蝶結びをします。できない人は、固結びをします。
⑥折り紙を２回折り、三角形にします。
⑦顔の上のところに、三角形に折った折り紙を、裏から丸シールで留めます。
⑧終わった人は、白い紙に、あなたの好きな食べ物の絵を描きましょう。

〈時間〉　15分

〈解答〉　省略

学習のポイント

ちぎりは、毎年出題されるので、早いうちから練習しておきましょう。紙を筒状に貼り合わせる作業も慣れていなければ難しいでょう。紙の端にしっかりとのりをつけ、合わ　せ目を指で押さえ、剥がれてこないようにします。筒になったところに、三角の折り紙を貼る際も、筒を潰さないように気をつけてください。例年、求められている巧緻性全て　を含んだ課題となっています。早くに終わった人のみ、絵を描くことが求められていますが、この絵を描くことができるまでのスピードが求められていますので、制作と絵画の問題と捉えておきましょう。

【おすすめ問題集】

実践ゆびさきトレーニング①②③、筑波大学附属小学校 工作攻略問題集
Jr・ウォッチャー23「切る・貼る・塗る」、24「絵画」

問題18　分野：制作　　Aグループ女子

〈準 備〉　白画用紙（縦長にして上に二か所穴を空ける・魚と宝物を点で結んだ絵）
星が描かれた紙、ペールオレンジの折り紙、クーピーペン（12色）
赤の綴じひも、スティックのり、白い紙

〈問 題〉　これから「宝探し」を作ってもらいます。
①魚と宝物までの点線を緑色のクーピーペンでなぞりましょう。
②サメは、青のクーピーで塗ります。
③星型を黄色のクーピーで塗った後、形に沿って手でちぎり、画用紙の左上に貼ります。
④ペールオレンジの折り紙を見本通りに折ってイカを作り、画用紙の左下に貼ります。イカの目、脚（手）を、黒のクーピーで書き足します。
⑤画用紙上部の穴にひもを通し、蝶結びをします。できない人は、固結びをします。
⑥終わった人は、白い紙に、あなたが夕飯を食べている時の絵を描きましょう。

〈時 間〉　15分

〈解 答〉　省略

学習のポイント

内容的には、さほど難しくはないかと思います。ちぎりや蝶結び、折り紙など、例年出題されている通りですので、丁寧に作業することが大事です。最後の「終わった人は・・・」と言う説明ですが、絵を描き終えるまでが試験と考えましょう。基本的な巧緻性は、既にできていることが前提です。ここまでは、確認の課題と捉えましょう。男子と違う点は、「あなたが夕飯を食べている絵」という題なので、人を必ず描かないといけません。自分１人ではなく、家族と一緒の食卓が望ましいです。制作には５～６分、残りを絵の時間としてできるようにしないといけません。正確さとスピード、絵の発想や表現力が求められています。

【おすすめ問題集】

実践ゆびさきトレーニング①②③、筑波大学附属小学校 工作攻略問題集
Jr・ウォッチャー23「切る・貼る・塗る」、24「絵画」

問題19　分野：制作

Bグループ男子

〈準備〉　丸が描かれた黄色の台紙、クレヨン（赤・青）、紙コップ、スティックのり
赤・青色大小の丸シール、赤の紙テープ、赤の綴じひも、わりばし

〈問題〉　これから「わりばしマン」を作ってもらいます。
①コップを逆さにして、底の部分を頭に見立てます。赤丸シールの上に青丸シールを貼り、紙コップに向かって右側の目の位置に貼ります。
②○が描かれた紙を点線に沿って半分に折り、二枚重ねで半円をちぎります。折り目を境に、上を赤で、下を青で塗ります。
③色を塗ったら、先ほどの目のシールの反対側に、目に見立て、紙コップにのりで貼ります。
④赤の紙テープを手で丸め、髪に見立てて、紙コップの底の部分にのりで貼りつけます。
⑤綴じひもを紙コップの目の上の部分あたりでコップに巻き付け、蝶結びをします。
⑥②でちぎった残りの紙を工夫して、四角い形に折り、口のようにします。紙コップに、それを口の位置で、のりで貼り付けます。

〈時間〉　15分

〈解答〉　省略

学習のポイント

ちぎりも、シール貼りも細かい作業です。また、紙を半分に折りちぎった後の残りの紙も、その後の作業で使うので、ちぎり終わった紙を丸めたりしないように注意しましょう。色分けした目は、上が赤、下が青と言う指示なので、貼る時に逆に貼ることのないように注意します。紙コップを逆さにしたときの上部での蝶結びは、抜けやすく、またやりにくいと思うので、練習をしましょう。わりばしを紙コップに挟む作業があります。慎重に作業をしないとわりばしが割れてしまいます。速さの中にも丁寧さが欠かせません。

【おすすめ問題集】
実践ゆびさきトレーニング①②③、筑波大学附属小学校 工作攻略問題集
Jr・ウォッチャー23「切る貼る塗る」、24「絵画」

問題20　分野：制作　Bグループ女子

〈準備〉　丸が描かれた黄色の台紙、クーピーペン10色、紙コップ、スティックのり、赤・青色大小の丸シール、赤の折り紙、赤の綴じひも、わりばし

〈問題〉　これから「くちばしさん」を作ってもらいます。
①コップを逆さにして、底の部分を頭に見立てます。赤丸シールの上に青丸シールを貼り、紙コップに向かって左側の目の位置に貼ります。
②丸が描かれた紙を半分に折り、二枚重ねで半円をちぎります。ちぎった丸に目玉を描いて丸く塗ります。
③ちぎった丸の紙を、紙コップ向かって右側の目の位置に、のりで貼ります。
④赤の折り紙を手で丸め、ニワトリのとさかに見立てた形に整え、紙コップの底の部分にのりで貼りつけます。
⑤綴じひもを紙コップの目の上の部分あたりで、コップに巻き付け、蝶結びをします。
⑥ちぎった残りの紙を広げ、くちばしのようにして、１つの角を紙コップに貼りつけます。
⑦わりばしの先端で、紙コップの顔の反対側のふちを挟みます。

〈時間〉　15分

〈解答〉　省略

学習のポイント

半分に折りちぎった後の紙は、その後も使うので、破れないよう慎重にちぎる必要があることと、ちぎり終わった紙を丸めたりしないことを忘れないようにしましょう。とさかに見立てた折り紙を紙コップに貼り付ける作業は、折り紙ではなく、紙コップの方にのりをつける方が貼り付けやすいと思います。蝶結びは、緩みのないようにしっかりと結び目を抑え結びましょう。蝶結びはできるようにしておきましょう。ちぎりの残りの部分をくちばしに見立て紙コップに貼り付けること、わりばしを割らないように気を付けてゆっくりと挟み込むことなど、難しい課題です。

【おすすめ問題集】
実践ゆびさきトレーニング①②③、筑波大学附属小学校 工作攻略問題集
Jr・ウォッチャー23「切る・貼る・塗る」

問題21　分野：制作　Cグループ男子

〈準備〉　7×5のマス目と三日月の絵が書いてある画用紙、星型の絵、スティックのり
クーピーペン7色、穴あけパンチ、綴じひも

〈問題〉　これから「カレンダー」を作ります。
①上のマス目に、1～30までの数字を書きます。
②その下にある、三日月を黄色で塗ります。
③手で星型をちぎり、三日月の右に、のりで貼ります。
④画用紙の上を、穴あけパンチで穴を開け、そこにひもを通し、蝶結びをします。蝶結びができない人は、固結びをしてください。

〈時間〉　15分

〈解答〉　省略

学習のポイント

数字が30まで書けることが前提の問題です。できれば100までは書けるようにしておくとよいでしょう。ちぎりは、星型で、やや難しいと思われます。たくさん練習しておきましょう。近年、学校で使う事務用品を使った課題が出題されることも増えてきました。今回も穴あけパンチを使う課題です。やみくもに穴を開けようとするのではなく、紙の上部のみ半分のところに折り目をつけ、穴あけパンチの▼の印に合わせ、奥まで紙を通してから、丁寧に穴を開ける作業ができるとよいでしょう。

【おすすめ問題集】
実践ゆびさきトレーニング①②③、筑波大学附属小学校 工作攻略問題集
Jr・ウォッチャー23「切る・貼る・塗る」

問題22　分野：制作　Cグループ女子

〈準備〉　三日月の書いてある正方形の紙、何も描かれてない正方形の紙2枚、
星型の絵、スティックのり、クーピーペン7色、穴あけパンチ、綴りひも

〈問題〉　これから「三日月と星」を作ってもらいます。
①三日月を橙色で塗ります。
②星型を手でちぎり、三日月の右に、のりで貼ります。
③何も描かれてない2枚の紙を画用紙の上の部分にだけのりをつけ、2枚重ねて貼ります。この時、太陽が隠れるようにします。
④穴あけパンチで穴を開け、そこにひもを通し、蝶結をびします。蝶結びができない人は、固結びをしてください。
⑤2枚貼った紙の1枚をめくり、2枚目の紙に人の顔を描きましょう。

〈時間〉　15分

〈解答〉　省略

学習のポイント

２枚貼り合わせた紙の上部に穴あけパンチで穴を開けるには、のりがつきすぎていると、恐らく穴は開かないでしょう。のりの量を考えて貼っているかがどうか、一目瞭然となります。穴の開け方は、問題21と同じやり方です。

【おすすめ問題集】
実践ゆびさきトレーニング①②③、筑波大学附属小学校 工作攻略問題集
Jr・ウォッチャー23「切る・貼る・塗る」

問題23　分野：制作　Cグループ女子

〈準 備〉　白と灰色で交互に塗られた紙、水色の紙テープ、丸が描かれた絵、折り紙、マスキングテープ、クーピーペン（緑）、スティックのり、綴じひも

〈問 題〉　① 白と灰色の紙を、手でクシャクシャにした後、細長くしてから丸くします。
② マスキングテープで留めて、丸い輪（リース）にします。
③ 水色の紙テープにのりをつけ、リースに貼り付けます。
④ 丸が描かれた絵を緑色で塗り、太線に沿って手でちぎります。
⑤ 丸くちぎったものをリースに貼ります。
⑥ 折り紙を２回三角形に折り、そのままリースの右上にのりで貼ります。
⑦ 綴じひもをリースの上の方で、蝶結びをします。

〈時 間〉　15分

〈解 答〉　省略

学習のポイント

女子のBグループでも紙をクシャクシャにしてからの作業がありました。リースの形にするには、クシャクシャにした後、一度その紙を開いて、細長い形にして丸くしていくという、何段回かの作業が必要になります。マスキングテープは、手でちぎれますが、引き出す際、境目を見つけにくいという欠点もあるので、リースの形を整えたら、何枚か、マスキングテープをある程度の長さに切って、机の端に貼っておくなど、貼り合わせる準備をしておくとよいでしょう。貼る時も少しテープを引っ張るようにして貼らないと、リースをうまく留めることができません。要所要所に色々な巧緻性が含まれた問題ですので、何度も制作してみましょう。

【おすすめ問題集】
実践ゆびさきトレーニング①②③、筑波大学附属小学校 工作攻略問題集
Jr・ウォッチャー23「切る貼る塗る」

問題24　分野：行動観察　　全グループ

〈準備〉　なし

〈問題〉　**この問題の絵はありません。**
10人1グループ、3チームで、総当たり戦のじゃんけんゲームです。グループで、出す手を話し合い、グループで同じ手を出して、相手チームとじゃんけんをします。

〈時間〉　15分

〈解答〉　省略

学習のポイント

初めて会ったお友だちとチームになり、そのチームでの話し合いで、じゃんけんで出す手を決めます。あいこの場合もあるので、その場合の作戦も決め、順番も覚えておかないといけません。勢いに任せてじゃんけんをすると、チームで決めた手と違う手を出してしまうこともあります。チームの一員としての団結意識をしっかり持つことが求められます。もし、仮に、同じチームの誰かが間違えてしまっても、責めるような発言はいけません。初めての組み合わせのチームでの行動観察には、思いもよらないことが起きることも含め、お子さんに指導しましょう。

【おすすめ問題集】
新 運動テスト問題集、Jr・ウォッチャー28「運動」、29「行動観察」

問題25　分野：運動（個別）　　全グループ

〈準備〉　なし

〈問題〉　**この問題の絵はありません。**
手隠しじゃんけんをします。先生は、先に出す手を見せていますが、左手で右手を覆っているため、全部は見えません。先生に勝つようにじゃんけんをしましょう。2回勝負です。

〈時間〉　15分

〈解答〉　省略

学習のポイント

お子さんは、隠されているものを見たい、知りたい、の気持ちになりがちです。特に男の子は、その傾向があるでしょう。ここで気をつけたいことは、先生が隠している片手をのぞき込む行為をしないようにすることです。説明の中で、「先生の手がどうなっているのか覗いてもいいですよ。」というようなことがあれば、もちろん問題ないのですが、今回はそのような説明はありません。指示や説明のないことはしない、が原則です。示された状況の中で、先生の手が何を出しているのかを判断し、勝てる手を考えて出しましょう。前後しますが、当然じゃんけんのルールを理解していることが大前提です。

【おすすめ問題集】
新 運動テスト問題集、Jr.ウォッチャー28「運動」、29「行動観察」

問題26 分野：運動（個別）

全グループ

〈準 備〉 上履き

〈問 題〉 **この問題の絵はありません。**
スタートからゴールまで、U 字型に、クマ歩き（クマ走り）をします。次は、スタートからスキップしてゴールまで行き、ゴールでは、左手を挙げたまま、片足で５秒、その場に立ちます。順番が来るまでは、椅子に座って待ちます。途中の応援は、してはいけません。

〈時 間〉 15分

〈解 答〉 省略

学習のポイント

とにかく滑りやすいですから、上履きの底がしっかりしているものを用意すると良いでしょう。クマ歩きと言う名のクマ走りなので、手と足４肢がうまく動かないと、途中で体勢が崩れてしまいます。例年の出題ですので、練習は必須です。スキップ後、ゴールで止まり、片手を挙げて片足立ちという、動きから片足の静止なので、これも慣れないと難しい動きです。スキップの最後の方は、その後の片足バランスのイメージを浮かべながら進んでいきましょう。上げ足の指示がある場合もありますので、指示がない場合は利き足で片足立ち、左右別の指示があれば、指示通りにすることの区別も、練習してください。なお、応援をしてはいけない、という指示も忘れてはいけません。

【おすすめ問題集】
新 運動テスト問題集、Jr.ウォッチャー28「運動」、29「行動観察」

問題27　分野：運動（個別）　全グループ

〈準備〉　上履き

〈問題〉　**この問題の絵はありません。**
スタートからゴールまで、M字型に、クマ歩き（クマ走り）をします。次は、直線コースをケンケンパして進み、隣の丸いコースをスキップします。

〈時間〉　15分

〈解答〉　省略

学習のポイント

このM字型のクマ歩きは、角度を変えてクマ歩き（走り）をしますので、前方をしっかりと見据えて、動きをなるべく止めないで進むことが望ましいです。問題26から比べると、ややハードな課題です。その動きの後にケンケンパが続きます。いかに体力があるお子さんを求めているか、ということです。最後のスキップが終わったら、流れに任せて終わらせるのではなく、両手足を揃えて終わるようにしましょう。最後まで気を抜かないことが大切です。

【おすすめ問題集】
新 運動テスト問題集、Jr.ウォッチャー28「運動」、29「行動観察」

問題28　分野：運動（個別）　全グループ

〈準備〉　なし

〈問題〉　**この問題の絵はありません。**
これから言う通りにしてください。
①右手で、右耳を塞いでください。
②左手で、右の肘を触ってください。
③右手で、鼻をつまんでください。
④左手で、右ひざを触ってください。
⑤右足を上げて、片足バランスをしてください。

〈時間〉　15分

〈解答〉　省略

学習のポイント

左右弁別の確認と体のバランス感覚が、年齢相応かの確認です。口頭で、とっさに左右の弁別を言われた時でも、その通りにできるようにするためには、あいまいな左右の認識では、対応できません。また、不安になって、周りを見てしまうこともいけません。自信をもって対応できるように、左右をしっかり把握しておくことが必要です。また、片足バランスも左右どちらの足でも立っていられるよう、練習を重ねましょう。

【おすすめ問題集】
新 運動テスト問題集、Jr.ウォッチャー28「運動」、29「行動観察」

問題29　分野：口頭試問

全グループ

〈準 備〉　なし

〈問 題〉　**この問題の絵はありません。**

今から質問をしますので、答えてください。

・幼稚園（または保育園）の名前を教えてください。
・幼稚園（または保育園）のお昼ごはんは給食ですか、お弁当ですか。
・幼稚園（または保育園）では、どんなことをして遊ぶと楽しいですか。
・好きな動物は、何ですか。それは、どうしてですか。
・好きな果物は、何ですか。それは、どうしてですか。
・好きな飲み物は、何ですか。それは、どうしてですか。
・好きな形は、何ですか。それは、どうしてですか。
・お母さんのお料理で好きなものは、何ですか。それは、どうしてですか。
・朝ごはんは、何を食べてきましたか。
・今日は、どうやってここまで来ましたか。
・今日は、どなたと一緒に来ましたか。

〈時 間〉　15分

〈解 答〉　省略

学習のポイント

質問内容は、さほど難しくはありませんが、答えに対して、なぜそう思うのかを必ず聞かれます。その質問に対応するには、細かい特徴への気付きや、そう感じた時の自分の感情などの表現力も必要になってきます。お子さんとの会話を大切にし、語彙を増やし、なぜ、どうしてかを考える時間も持ちましょう。表現力が足りないと思う時は、保護者が代弁し、表現の仕方のお手本を口にすることで、徐々に豊かな表現力を身につけられるでしょう。しかし、保護者が先回りして説明してはいけません。お子さん自身の考えを口にするまで共感することが大切です。

【おすすめ問題集】

Jr・ウォッチャー12「日常生活」、18「いろいろな言葉」、21「お話作り」
30「生活習慣」

問題30　分野：アンケート（保護者）

全グループ

〈準 備〉　筆記用具

〈問 題〉　**この問題の絵はありません。**

映像と校長先生のお話を元に、以下、具体的に書きます。

・６年後には、どのように成長していて欲しいですか。
・お子さんの得意・不得意なことは、何ですか。
・入学した後、お子さんに、何かつまずきが生じるのではと思うことがありますか。
・入学後、保護者の方々が、お子さんにできるサポートとは、何ですか。
・ＰＴＡの是非について、ご意見をいただけますか。

〈時 間〉　15分

〈解 答〉　省略

学習のポイント

お子さんの性格、性質をよく理解した上で、当校を望んでいるということ、また、当校の方針についての理解と協力があることを確認する内容です。当校の教育方針などを、しっかりと把握され、お子さんを預けたいと思っていらっしゃれば、素直に書かれるとよいでしょう。あまり、仰々しい言葉や、使い慣れない言葉を並べるより、先方には、その思いが伝わるでしょう。但し、文章の書き方は、きまりに倣って、きちんと書きましょう。決められた行数、文字数で、限られた時間内に書き終える必要があります。事前に文章を用意しておきましょう。

【おすすめ問題集】

面接テスト問題集、保護者のための入試面接最強マニュアル

問題31 分野：お話の記憶

Aグループ男子

〈準備〉 クーピーペン（8色）

〈問題〉 お話をよく聞いて、後の質問に答えてください。

この前、ウサギさんが「プールに行きたいな」と言っていたので、今日は、クマくん、ウサギさん、ネズミくんの3人でプールへ行きました。みんなは公園の噴水の前で待ち合わせをしました。最初に来たのはネズミくんです。ネズミくんがしばらく待っていると、少し遅れて、クマくんとウサギさんがやってきました。全員そろったので、さっそくプールに向かいました。プールへは、バスに乗っていくことにしました。バス停で待っていると、青いバスが来たので乗りました。プールは3つ目のバス停のそばにあるので、そこで降りました。プールに着くと、みんなは持ってきたものを見せあいました。ウサギさんは「わたしはビーチボールを持ってきたわ」と言いました。ネズミくんは「ぼくは浮き輪を持ってきたよ」と言いました。クマくんは「ぼくは水鉄砲を持ってきたよ」と言いました。プールに入る前、みんなはかき氷を食べることにしました。ネズミくんはレモン、クマくんはイチゴ、ウサギさんはミカン味のかき氷を食べました。食べ終わってプールに入って遊んでいると、クジラのおじさんがプールで遊べるすべり台を貸してくれました。そのすべり台で遊んでいると、突然雷がなって雨が降ってきました。みんなは雨宿りのために近くにあった建物の中に入りました。すると、そこでうちわ作りをしていたので、みんなも参加することにしました。真っ白なうちわに自分の好きな絵を描きます。ウサギさんは、昨日お母さんが読んでくれた絵本の『かちかち山』に出てくる動物の絵を描きました。クマくんは、さっき食べたかき氷の絵を描きました。ネズミさんは今日の思い出にみんなの絵を描きました。うちわ作りが終わると、ちょうど雨があがって空には虹が出ていました。みんなはまたバスに乗り、今度は2つ目のバス停で降りて、そこから歩いて帰りました。

（問題31の絵を渡す）
①待ち合わせの場所はどこですか。○をつけてください。
②待ち合わせの場所にいちばん早く来たのは誰ですか。○をつけてください。
③プールに行きたいと言ったのは誰ですか。○をつけてください。
④みんなが乗ったバスは何色でしたか。その色で○を塗ってください。
⑤プールに行くとき、いくつ目のバス停で降りましたか。その数だけ○を書いてください。
⑥ウサギさんが持ってきたものに○、ネズミくんが持ってきたものに△、クマくんが持ってきたものに×をつけてください。
⑦ネズミくんが食べたカキ氷は何味でしたか。○をつけてください。
⑧クジラのおじさんは何を貸してくれましたか。○をつけてください。
⑨ウサギさんは、うちわに何の動物を描きましたか。○をつけてください。
⑩このお話と同じ季節のものを選んで、○をつけてください。

〈時間〉 各20秒

〈解答〉 ①右端（噴水） ②左から2番目（ネズミ） ③左端（ウサギ）④青
⑤○：3 ⑥○：右から2番目（ビーチボール）・△：右端（浮き輪）
×：左から2番目（水鉄砲） ⑦左端（レモン）⑧左端（すべり台）
⑨右から2番目（タヌキ） ⑩左から2番目（夏）

［2022年度出題］

学習のポイント

「お話の記憶」は例年必ず出題される分野です。近年お話の長さが少しずつ短くなってきましたが、設問数や設問内容は変わらず、難易度は高いと言えるでしょう。とはいえ、お話の長さが短くなったことで答えやすくなり、合格に必要な点数も上がってきました。そのため、些細なミスをなくすよう、お話を正確に聞き取らなければなりません。読み聞かせをするとき、まずは静かに集中して聞くことからはじめ、聞き取ったお話が大体どんな内容かを把握できるようにしましょう。その上で、細かい描写まで記憶できるように、お子さまに質問してください。「お話の記憶」の力は、読み聞かせの量に比例すると言われています。学習とは別に、たくさんの読み聞かせを取り入れてください。

【おすすめ問題集】

1話5分の読み聞かせお話集①②、お話の記憶 初級編・中級編・上級編、
Ｊｒ・ウォッチャー19「お話の記憶」、34「季節」

問題32　分野：お話の記憶　Aグループ女子

〈準備〉　クーピーペン（８色）

〈問題〉　お話をよく聞いて、後の質問に答えてください。

昨日は雨でしたが、今日はとてもいい天気です。ウサギさんとタヌキくんとリスさんとクマくんは山登りに行くことにしました。待ち合わせの公園には、キツネくんとキツネくんの弟がいたので、いっしょに行くことにしました。山を登り始めてしばらくすると、ウサギさんが「たくさん汗をかいたからやすもう」と言いました。みんなも疲れていたので休むことにしました。ウサギさんは、赤いリュックからチョコレート６個とアメ12個を取り出しました。そして、「分けてあげるね」と言って、ウサギさんは、みんなにチョコレートと、アメを分けました。おやつを食べて、また山を登っていくと、今度はキジさんとイヌくんとサルさんに会いました。タヌキくんは「キジさんもイヌくんもサルさんもいっしょに山に登ろうよ」と誘いました。みんなで山に登っていると、リスさんがくすくすと笑い出しました。ウサギさんが「どうしたの？」と聞くと、リスさんは「なんだか、昔話に出てくる人がそろっちゃったね」と言いました。みんなも「そうだね」と言って、笑いました。山のてっぺんには大きな木がたくさんありました。葉っぱの色が赤や黄色で、とてもきれいです。クマくんが木の一つを指さして、「カキだ。おいしそう。食べたいな」と言いました。しかし、クマくんは木に登ることができません。そこで、サルさんが木に登って、カキをとってあげました。そのあと、山のてっぺんで、みんなでお弁当を食べました。クマくんのオニギリも、タヌキくんのサンドイッチも、とてもおいしそうでした。お弁当の後には、みんなでサルさんがとってくれたカキも食べました。お弁当を食べたら、みんなで山を降りて、おうちへ帰りました。たくさん歩いて疲れたけれど、とても楽しい一日でした。

（問題32の絵を渡す）

①昨日の天気は何ですか。○をつけてください。
②今日の天気は何ですか。○をつけてください。
③どこで待ち合わせをしましたか。○をつけてください。
④ウサギさんのリュックの色は何色ですか。その色で○を塗ってください。
⑤ウサギさんはみんなにチョコレートとアメをいくつずつ分けましたか。その数だけ○を書いてください。
⑥キジさんとイヌくんとサルさんに関係のあるお話はどれですか。○をつけてください。
⑦クマくんは指さした木には、何がなっていましたか。○をつけてください。
⑧オニギリを持ってきたのは誰ですか。○をつけてください。
⑨サンドイッチを持ってきたのは誰ですか。○をつけてください。
⑩このお話と同じ季節のものを選んで、○をつけてください。

〈時間〉　各20秒

〈解答〉　①右から２番目（雨）　②左端（晴）　③右端（公園）　④赤
⑤チョコレート：１、アメ：２　⑥右端（ももたろう）　⑦左端（カキ）
⑧右から２番目（クマ）　⑨左から２番目（タヌキ）　⑩右から２番目（秋）

［2022年度出題］

学習のポイント

Ａグループ女子の問題です。当校の「お話の記憶」の設問は、お話の流れに沿ったものはもちろんですが、持ちものや服装などの細かい描写、数や色、季節などが問われます。内容は複雑なものが多いため、細部まで集中し、しっかりと内容を把握する必要があるでしょう。なかでも特徴的なのが、クーピーペンを使って、色を答える問題です。例年、筆記用具はクーピーペンが使用されるので、慣れておきましょう。解答時間が設けられている中での解答なので、お子さまは焦ってしまい、混乱してしまいがちです。読み聞かせの量を増やすとともに問題数をこなすことで自信がつき、落ちついて試験に臨めるようになるでしょう。お話だけではなく質問も最後まで集中して聞き、取り組むように練習してください。何度も練習することで、試験の場でも落ち着いて取り組めるでしょう。

【おすすめ問題集】

１話５分の読み聞かせお話集①②、お話の記憶 初級編・中級編・上級編
Ｊｒ・ウォッチャー19「お話の記憶」、34「季節」

問題33　分野：お話の記憶　Bグループ男子

〈準備〉　クーピーペン（８色）

〈問題〉　お話をよく聞いて、後の質問に答えてください。

昨日は晴れていましたが、今日は曇りで風が吹いていて少し寒いです。タロウくんは、朝ごはんを食べたら、お母さんとお姉さんのサクラさんといっしょに図書館へ行く約束をしていました。今日の朝ごはんは、ごはんとおみそ汁と卵焼きです。タロウくんはその他にウインナーを、お姉さんのサクラさんは魚を食べました。朝ごはんのあと、タロウくんは、お母さんとサクラさんと歩いて図書館へ行きました。図書館は、家から３つ目の角を左に曲がり、スーパーを通りすぎたところにあります。図書館の前にはイチョウの木があり、紅葉していました。図書館の屋根の緑色とイチョウの葉の黄色がとてもきれいだったので、しばらく３人で見てから中に入りました。タロウくんは、大好きな恐竜の本を読もうとしましたが、お友だちが借りていて、ありません。仕方がないので、飛行機の本と虫の本を読みました。虫の本の最初のページは、セミとカマキリの写真です。次のページはカブトムシの写真です。とても大きな写真でした。最後のページには冬の虫の過ごし方が書いてありました。タロウ君が最後のページの写真を見て、「この虫は何？」とお母さんに聞くと、「それはテントウムシよ」と教えてくれました。サクラさんは料理の本を読んでいましたが、おもしろかったので、借りることにしました。家へ帰る途中で、タロウくんはアイスが食べたくなったので、お母さんとお姉さんとスーパーに寄って帰ることにしました。サクラさんが「今日の夜、ハンバーグが食べたい」と言ったので、ハンバーグとサラダの材料もいっしょに買うことにしましたが、お母さんが「玉ねぎはおうちにあるからいらないわよ」と言っていました。アイスはお父さんも大好きです。タロウくんは、自分とお母さんとサクラさんの分だけではなく、お父さんの分も買いました。買い物が終わったら、アイスが溶けないように、みんなで急いで家に帰りました。

（問題33の絵を渡す）
①今日の天気は何ですか。○をつけてください。
②タロウくんは、朝ごはんに何を食べましたか。○をつけてください。
③何個目の角を曲がると図書館がありますか。その数だけ○を書いてください。
④図書館の屋根は何色ですか。その色で○を塗ってください。
⑤図書館の前には何の木がありましたか。○をつけてください。
⑥虫の本の最初のページには、何の虫の写真がありましたか。○をつけてください。
⑦タロウ君が「この虫は何？」と聞いたのは、どの虫ですか。○をつけてください。
⑧サクラさんは何の本を借りましたか。○をつけてください。
⑨スーパーで買わなかったものはどれですか。○をつけてください。
⑩アイスをいくつ買いましたか。その数だけ○を書いてください。

〈時間〉　各20秒

〈解答〉　①左から２番目（曇）　②左端（ウインナー）　③○：３　④緑
⑤左から２番目（イチョウ）　⑥右から２番目（セミ）
⑦左端（テントウムシ）　⑧右端（料理）　⑨左から２番目（玉ねぎ）
⑩○：４

［2022年度出題］

学習のポイント

当校の「お話の記憶」の特徴は、お話の長さと設問数の多さにあります。内容は動物や家族がお出かけするといったオーソドックスなものが多く、難解なお話ではありません。本年は男女ともＢグループのみが人間の家族のお話でした。このようなお話のときは、自分の体験に重ねて覚えれば、解答するときに、「どこで」「誰が」「何をした」がしっかりとイメージできるでしょう。しかし、お子さまがお話を聞いて、その場面を頭の中に思い浮かべることができるようになるためには、何度も読み聞かせをして練習する必要があります。読み聞かせのあと、お話に沿った簡単な質問をしながら、細部まで正確に聞き取れているかを確認してください。質問をするときには、お子さまが場面をイメージしやすいように、質問の仕方や内容を工夫してください。

【おすすめ問題集】

１話５分の読み聞かせお話集①②、お話の記憶 初級編・中級編・上級編
Ｊｒ・ウォッチャー19「お話の記憶」、34「季節」

問題34　分野：お話の記憶　Ｂグループ女子

〈準 備〉　クーピーペン（８色）

〈問 題〉　お話をよく聞いて、後の質問に答えてください。

もうすぐお正月です。ケンタくんはこれから、家族でデパートへ行きます。ケンタくんはお正月の歌を歌いながら準備をしていました。どの帽子にしようか迷いましたが、星印のついた黒の帽子に決めました。隣の部屋ではお姉さんも準備をしています。青か黄色のワンピースで迷っていましたが、黄色のワンピースに決めたようです。ケンタくんは、準備が終わってお母さんとお姉さんと玄関で待っていましたが、お父さんがなかなか来ません。呼びに行くと、年賀状にトラのスタンプを押していました。少し待つと、お父さんも準備が終わったので、さっそく出発です。電車に乗ってデパートへ向かいました。前から３両目に乗りました。２つ目の駅がデパートのある駅です。デパートでどの売り場から行くかを、じゃんけんで決めることにしました。一番はじめに勝ったのはお母さんです。次にお父さん、その次がお姉さんが勝ち、ケンタくんは勝てませんでした。デパートに着くと、まず、お母さんが行きたかっためがね屋さんに行って、すてきな赤いめがねを買いました。次に靴屋に行って、お父さんは青い靴を買いました。お姉さんは時計屋に行って、丸い形の腕時計を買いました。ケンタくんはおもちゃ屋に行こうか本屋に行こうか迷いましたが、本屋に行きました。欲しかった昆虫図鑑は、青い棚にありました。ケンタくんは自分のお小遣いで昆虫図鑑を買いました。みんなの買い物が終わったのでお家に帰ります。お父さんは新しい靴を買ったのが嬉しかったので、履いて走って帰りました。ケンタくん、お母さん、お姉さんは電車でいっしょに帰りました。ケンタくんはとても楽しい気持ちでしたが、電車から降りる時、小さいお友だちにぶつかってしまいました。「ごめんね」と言えなかったので、ケンタくんは恥ずかしくて悲しい気持ちになって、泣いてしまいました。

（問題34の絵を渡す）
①ケンタくんが歌っていた歌に出てくるものは何ですか。○をつけてください。
②ケンタくんはどの帽子にしましたか。○をつけてください。
③お姉さんは何色のワンピースにしましたか。その色で○を塗ってください。
④お父さんが押していたスタンプは何の動物ですか。○をつけてください。
⑤デパートへ行くとき、電車の何両目に乗りましたか。その数だけ○を書いてください。
⑥じゃんけんで一番はじめに勝ったのは誰ですか。○をつけてください。
⑦お父さんが買った靴の色は何色ですか。その色で○を塗ってください。
⑧お父さんはどうやって帰りましたか。○をつけてください。
⑨小さいお友達にぶつかったときのケンタくんに、○をつけてください。
⑩このお話と同じ季節のものを選んで、○をつけてください。

〈時間〉　各20秒

〈解答〉　①左から２番目（コマ）　②右端（星印のついた黒の帽子）　③黄色
④右端（トラ）　⑤○：３　⑥左から２番目（お母さん）　⑦青
⑧右から２番目（走る）　⑨左端（悲しい）　⑩左端（冬）

［2022年度出題］

学習のポイント

Ｂグループ女子の問題です。「季節」に関する質問は、当校のお話の記憶では頻出です。本問では「お正月」とはっきり出ていますが、問題によっては季節をあらわす描写をお話の中で、関連するものから見つけなければならない場合もあります。そのため、季節を代表する植物、野菜、くだもの、行事などは確認しておくようにしましょう。昨今の時世から、生活体験で季節に触れることが難しくなっていますが、体験をともなった内容の方がお子さまの記憶には残りやすいので、保護者の方は工夫をし、楽しく効率よく学習するように心がけてください。設問１は、お話には直接関係のない、「お正月」という歌に関する問題です。有名な童謡や昔話に関する質問はノーヒントで出題されることがあるので、必要な知識だけではなく、関連することもいっしょに学習していきましょう。

【おすすめ問題集】
１話５分の読み聞かせお話集①②、お話の記憶 初級編・中級編・上級編
Ｊｒ・ウォッチャー19「お話の記憶」、34「季節」

問題35　分野：お話の記憶　Cグループ男子

〈準備〉　クーピーペン（８色）

〈問題〉　お話をよく聞いて、後の質問に答えてください。

今日はとても暖かくて、雲ひとつない、よい天気です。カエルさんはお母さんと公園へ行くことにしました。お気に入りの青いリュックサックと青い靴を履いて出かけました。公園にはすべり台とブランコとジャングルジムがあります。カエルさんは、お母さんといっしょにすべり台とブランコで遊びました。お腹が空いたので、お弁当を食べようとベンチを探したら、桜の木の近くに赤いベンチと青いベンチを見つけました。カエルさんは青が好きなので、青いベンチに座りたかったのですが、モグラくんが座っていました。カエルさんはお母さんに、「私、青いベンチに座りたい」と言いましたが、「先に座っているお友だちがいるでしょう？だから赤いベンチに座りましょう」と言われ、赤いベンチに座りました。カエルさんは「やっぱり青いベンチに座りたいな」と言いながら、悲しそうな顔でお弁当を食べはじめました。お弁当は、大好きなサンドイッチです。お弁当を食べていると、風が吹いて、桜の花びらがカエルさんのベンチに降ってきました。ピンク色の雪のようです。カエルさんは、「赤いベンチに座ってよかったなあ」と思って、とてもうれしくなりました。お家に帰ると、カエルさんは疲れてベッドで寝てしまいました。そして夢を見ました。カエルさんはお友だちのネズミくんといっしょにシャボン玉を作っています。シャボン玉はどんどん大きくなって、２人が入れるぐらいになりました。カエルさんとネズミくんはシャボン玉に入って飛んでいきました。木の高さまで飛んだ時、カエルさんは目を覚ましました。目が覚めると、次の日の朝になっていました。

(問題35の絵を渡す)
①今日の天気は何ですか。○をつけてください。
②カエルさんのリュックサックと靴は何色ですか。その色で○を塗ってください。
③公園にないものはどれですか。○をつけてください。
④モグラくんが座っていたベンチは何色ですか。その色で○を塗ってください。
⑤カエルさんはどうして好きなベンチに座れなかったのですか。○をつけてください。
⑥カエルさんのお弁当は何でしたか。○をつけてください。
⑦カエルさんはお弁当を食べはじめたとき、どんな気持ちでしたか。○をつけてください。
⑧カエルさんはお家に帰る前、どんな気持ちでしたか。○をつけてください。
⑨カエルさんは夢で何をしていましたか。○をつけてください。
⑩このお話と同じ季節のものを選んで、○をつけてください。

〈時間〉　各20秒

〈解答〉　①左端（晴）　②○：青　③左から２番目（砂場）④青
⑤右端（モグラが座っていた）　⑥左から２番目（サンドイッチ）
⑦左から２番目（悲しい）　⑧左端（うれしい）
⑨左から２番目（シャボン玉）　⑩右端（春）

［2022年度出題］

学習のポイント

Ｃグループ男子の問題です。お話は細かく描写されていますが、ストーリー性がありイメージしやすい内容です。そのため、まず、お話全体が記憶できているかの確認をしてください。本問では、青いベンチと赤いベンチが出てきますが、単語だけを捉えて聞くとお話の流れがつかめず、混乱してしまいます。読み聞かせをするとき、全体の情景を頭の中に描きつつ、確認するときに、「誰が」「どこで」「何をした」という話のポイントをおさえられるようにしましょう。発展練習として、登場人物の気持ちにまで意識が向けられるように進めてください。本問のように登場人物の心理描写がされていたり、途中で場面が変わったりする問題は、生活体験の多少で影響が出てきます。お子さまの聞き取る力に合わせて、まずは集中してお話を聞き、全体をイメージ化しましょう。慣れてきたら細かい部分の聞き取りへと進んでください。

【おすすめ問題集】

１話５分の読み聞かせお話集①②、お話の記憶 初級編・中級編・上級編、
Ｊｒ・ウォッチャー19「お話の記憶」、34「季節」

問題36　分野：お話の記憶　Ｃグループ女子

〈準 備〉　クーピーペン（８色）

〈問 題〉　お話をよく聞いて、後の質問に答えてください。

昨日は雲が多かった一日でしたが、今日は朝からとてもいい天気です。ネズミさん、カエルくん、キツネさん、ウサギさんは、近くの山にお花見に行きました。リスさんもいっしょに行く予定でしたが、足をケガしてしまい、行けなくなってしまいました。山にはたくさんのサクラの木があります。風が吹くと、花びらが飛んできました。雪のような花びらがとてもきれいだったので、みんなで見ながらお弁当を食べることにしました。ネズミさんはパンを１個、カエルくんは野菜のサンドイッチを２個、キツネさんはオニギリを５個、ウサギさんは卵のサンドイッチを３個持ってきました。お弁当を食べている時に強い風が吹いて、びっくりしたキツネさんは、オニギリを１個落としてしまいました。それを見て、ウサギさんはサンドイッチを１個キツネさんにあげました。ネズミさんは「リスさんにもサクラを届けよう」と言って、山を降りてからみんなでサクラのジャムのクッキーを作りました。そして、みんなでリスさんの家に行きました。リスさんのお家で、リスさんとリスさんのおばあさんといっしょにサクラのジャムのクッキーを食べました。今日のお花見の話をしたら、とてもうれしそうでした。リスさんのお家から帰るとき、リスさんのおばあさんから一人ひとりに手作りのカバンをもらいました。カバンの中には手紙が入っていました。手紙には「また来てね」と書いてあったので、みんなうれしい気持ちになりました。疲れたけれどとても楽しい一日でした。

（問題36の絵を渡す）
①昨日の天気は何でしたか。○をつけてください。
②お花見に行ったのは誰ですか。○をつけてください。
③リスさんはどうしてお花見に行かなかったのですか。○をつけてください。
④風で飛んできたものは何ですか。○をつけてください。
⑤キツネさんはオニギリをいくつ食べましたか。その数だけ○を書いてください。
⑥ウサギさんはサンドイッチをいくつ食べましたか。その数だけ○を書いてください。
⑦リスさんのお家に行こうと言ったのは誰ですか。○をつけてください。
⑧リスさんのお家に何を持っていきましたか。○をつけてください。
⑨－１お礼にもらったものは何ですか。○をつけてください。
　－２おばあさんは、ぜんぶでいくつお礼のものを作りましたか。
　　その数だけ○を書いてください。
⑩このお話と同じ季節のものを選んで、○をつけてください。

〈時間〉　各20秒

〈解答〉　①左から２番目（曇）　②左端（ウサギ）　③右端（足をケガした）
④左端（花びら）　⑤○：４　⑥○：２　⑦左端（ネズミ）
⑧右から２番目（クッキー）　⑨１右端（カバン）、２○：４　⑩右端（春）

［2022年度出題］

学習のポイント

Ｃグループ女子の問題です。当校の問題では、お話の細かい描写からの質問が多いため、より確かな記憶力と、集中力の高さが求められます。質問内容には、誰が何をしたのか、どうしてなのかというものの他に、知識を問う「季節」や、「数量」のたし算・ひき算など、事前に準備をしっかりして練習しておかなければならない分野も多く含まれています。特に「数」に関する内容は、お話の中に「あわせていくつ」といった形で出てくるのではなく、お話しの中で増減を把握して記憶することが求められます。そのようなことも含めてしっかりとお話を覚えましょう。当校では月齢により３つのグループに分けられ入試が行われますが、２次選考まではグループ内での判定になります。当校の入試において、２次選考は１番の難関ですから、しっかりと対策をして臨んでください。

【おすすめ問題集】
１話５分の読み聞かせお話集①②、お話の記憶 初級編・中級編・上級編、
Ｊｒ・ウォッチャー19「お話の記憶」、34「季節」

家庭学習のコツ③　効果的な学習方法～問題集を通読する

過去問題集を始めるにあたり、いきなり問題に取り組んではいませんか？　それでは本書を有効活用しているとは言えません。まず、保護者の方が、すべてを一通り読み、当校の傾向、ポイント、問題のアドバイスを頭に入れてください。そうすることにより、保護者の方の指導力がアップします。また、日常生活のさまざまなことから、保護者の方自身が「作問」することができるようになっていきます。

問題37　分野：図形（構成・図形分割）　Aグループ男子

〈準備〉　クーピーペン（青）

〈問題〉　★印を見てください。左の四角の形を作ります。真ん中の四角の形に、右の四角のどの形を合わせたら、左の四角の形になりますか。選んで○をつけてください。合わせるときは、点線と点線をくっつけます。ただし、右の四角の形は回転しているものもあります。

〈時間〉　5分

〈解答〉　下図参照

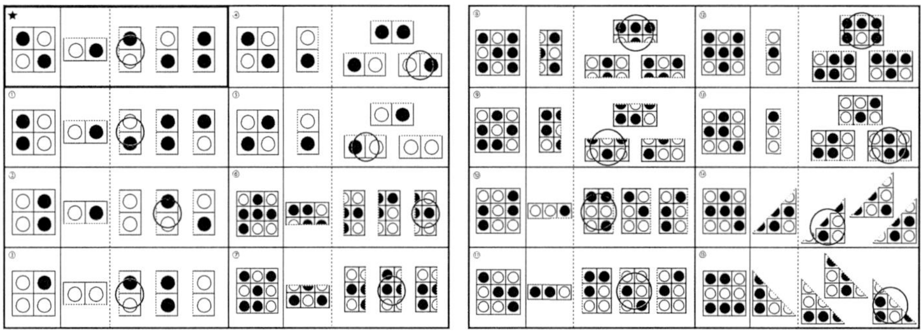

［2022年度出題］

学習のポイント

本年度の図形分野の問題も、例年と同様、各グループともに、構成、回転、分割、展開などの要素が組み合わされた複合問題が出題されました。問題数は15問で、問題が進むにつれて難易度の高い問題が出題されたようです。そのため時間が足りず途中で終わってしまったお子さまも多く、例年通り「短い時間内で答える」のはもちろんのこと、難易度の高い問題でも正解できるだけの準備が必要でした。男子Ａグループは、図形の合成、分割の問題が出題されました。完成形が示されているため、落ち着いて解けば答えはわかるでしょう。学習をする際には、切り取って実際に動かしてみることからはじめ、慣れてきたら頭の中で想像するようにしましょう。問題の解き方が身に付いたら、制限時間を設けた練習をしてみてください。解答時間が短いため、例年、最後の問題まで終わらないお子さまが見られます。時間配分をしっかりと行い、まずは最後まで問題を解ききるように練習をしていきましょう。

【おすすめ問題集】

Ｊｒ・ウォッチャー９「合成」、54「図形の構成」

筑波大学附属小学校　図形攻略問題集①②

問題38　分野：図形（構成・図形分割）　Aグループ女子

〈準 備〉　クーピーペン（青）

〈問 題〉　★印を見てください。左の四角の形を作ります。右の四角のどれとどれを組み合わせたらよいか、２つ選んで○をつけてください。合わせるときは、点線と点線をくっつけます。ただし、右の四角の形は回転しているものもあります。

〈時 間〉　５分

〈解答例〉　下図参照

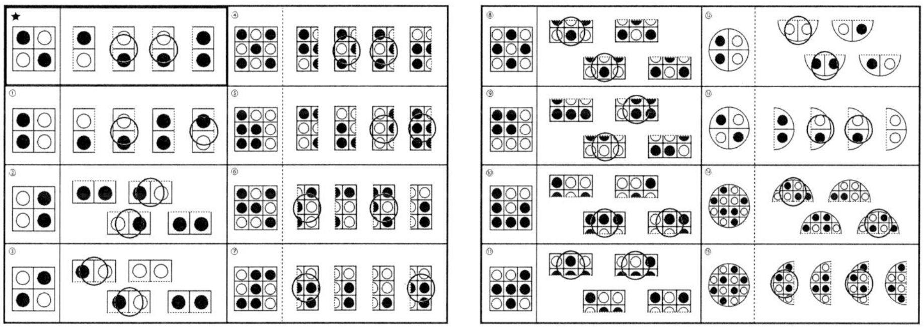

［2022年度出題］

学習のポイント

Ａグループ女子の問題です。男子の問題では合成させる図形の片方が指定されていましたが、女子の問題では指定がないため、難易度が高いといえます。しかし、男子の問題と同じく完成図が示されているため、落ち着いて解けば問題ありません。学習方法ですが、基本は男子と同じです。まずは実際に切り取って操作することからはじめ、論理的思考力を習得しましょう。それが身につけば、頭の中で図が操作できるようになります。問題の用紙を反転させたり、角度を変えたりしながら、より多くの問題に取り組むようにしてください。同時に柔軟性やひらめきも身につくでしょう。

【おすすめ問題集】

Ｊｒ・ウォッチャー９「合成」、54「図形の構成」

筑波大学附属小学校 図形攻略問題集①②

問題39　分野：図形（構成・図形分割）　Bグループ男子

〈準 備〉　クーピーペン（赤）

〈問 題〉　★印を見てください。黒い部分と白い部分が同じ広さです。このように、黒い部分と白い部分の広さが同じものを選んで○をつけてください。

〈時 間〉　5分

〈解 答〉　下図参照

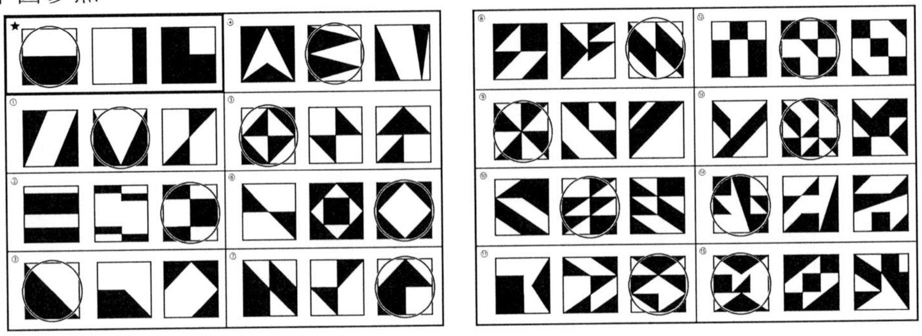

[2022年度出題]

学習のポイント

Bグループ男子の問題です。黒と白の面積が同じものを探す問題ですが、一見してわかる難易度が低いものから、図が複雑に組み合わされているものまであり、15問全部を時間内に解答するのには、対応力とスピードが求められます。解き方としては、縦や横、斜めに補助線を書いて図形を分割し、同じ形を作り、組み合わせを探していくとわかりやすいでしょう。図形の対称ではなく、あくまでも同じ面積のものを探す問題ですので、指示をしっかり聞かなければなりません。練習をする際には、実際に図形を切って黒と白の組み合わせを作ります。慣れてきたら、頭の中で図形を分割できるように練習してください。混乱が生じやすい問題ですので、お子さまの力量に合わせて練習の段階を進めましょう。

【おすすめ問題集】

Ｊｒ・ウォッチャー５「回転・展開」、８「対称」、45「図形分割」、46「回転図形」
筑波大学附属小学校　図形攻略問題集①②

問題40　分野：図形（構成・図形分割）　Bグループ女子

〈準　備〉　クーピーペン（赤）

〈問　題〉　★印を見てください。黒い部分と白い部分が違う広さです。このように、黒い部分と白い部分の広さが違うものを選んで○をつけてください。

〈時　間〉　５分

〈解　答〉　下図参照

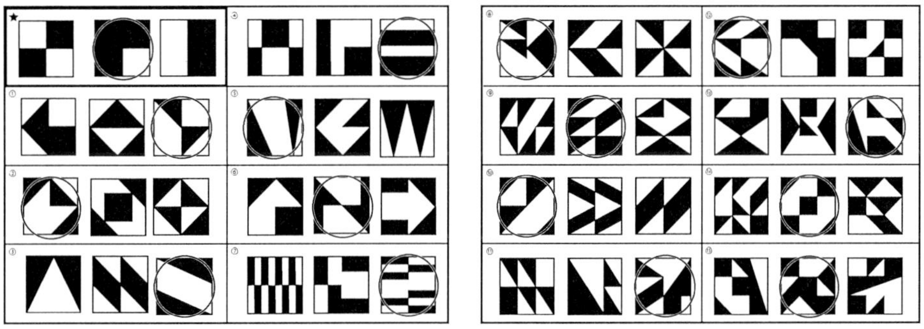

［2022年度出題］

学習のポイント

Ｂグループ女子の問題です。男子の問題とは逆で、黒と白の面積が違うものを探すことが問われています。図形はすべて正方形のため、問題数が多くなるとかなり複雑なうえ、見間違えるなどのミスを犯しがちです。落ち着いて問題に取り組むようにしましょう。一見してわかる難易度が低い問題をまず素早く確実にこなし、余裕を持って難易度が高い問題に進んでください。このＢグループの問題は、問われている内容は違いますが、解答を導くために必要な思考過程は男女で同じです。そのため、家庭学習をする時、１つの問題を利用して両方の学習をすることが可能です。少し工夫をすることで、効率よく学習ができます。

【おすすめ問題集】

Ｊｒ・ウォッチャー５「回転・展開」、８「対称」、45「図形分割」、46「回転図形」

筑波大学附属小学校　図形攻略問題集①②

問題41　分野：図形（回転・展開）　Cグループ男子

〈準備〉　クーピーペン（赤）

〈問題〉　左の四角の中に、白丸（○）と黒丸（●）が並んでいる形があります。切って、まっすぐに並べると、★印のようになります。このように切って、まっすぐに並べたとき、どうなりますか。右の四角の中から選んで○をつけてください。どこで切ってもかまいません。

〈時間〉　５分

〈解答〉　下図参照（※左の四角の図の線は、切る位置の一例です）

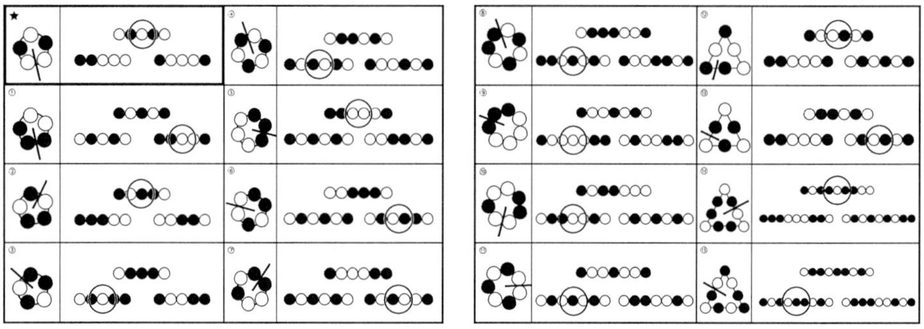

［2022年度出題］

学習のポイント

Ｃグループ男子の問題です。図形の展開の問題ですが、系列の要素も含まれる、複合問題と言えるでしょう。当校では、系列の問題はめったに出題されないため、あまり準備をしていないお子さまもいらっしゃるかと思います。しかし、本問は「始点の位置を指でおさえ、同じ方向に移動させていく」という基本的な解き方で解答できるので、落ち着いて取り組めば問題ありません。ただし、問題数が15問と多く、問題が進むにつれて難易度も上がるため、一つひとつゆっくり解いていては間に合わなくなります。「黒丸が２つ続いた後に白丸が３つ続く」など、完成形の特徴を先に捉えてから探すなど、工夫が必要です。基本的な解答パターンにとらわれず、柔軟に問題に取り組めるように、家庭学習の段階からさまざまな方法に触れていきましょう。

【おすすめ問題集】

Ｊｒ・ウォッチャー５「回転・展開」、６「系列」、46「回転図形」

筑波大学附属小学校 図形攻略問題集①②

問題42　分野：行動観察（巧緻性）

〈準 備〉　クーピーペン（青）

〈問 題〉　左の四角の中に、白丸（○）と黒丸（●）と二重丸（◎）が並んでいる形があります。切って、まっすぐに並べると、★印のようになります。このように切って、まっすぐに並べたとき、どうなりますか。右の四角の中から選んで○をつけてください。どこで切ってもかまいません。

〈時 間〉　５分

〈解 答〉　下図参照（※左の四角の図の線は、切る位置の一例です）

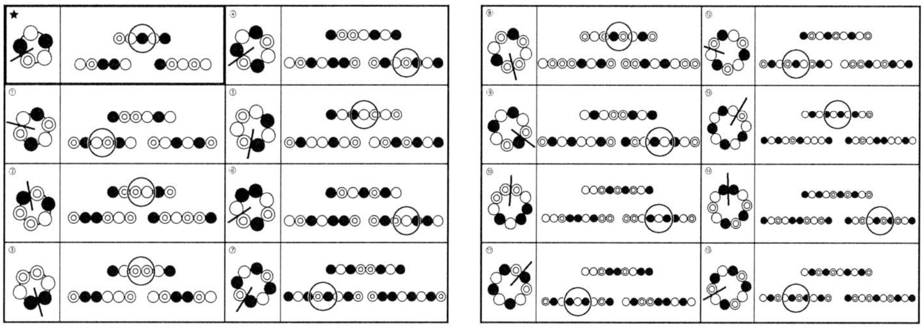

［2022年度出題］

学習のポイント

Ｃグループ女子の問題です。Ｃグループ男子の問題とほぼ同じですが、図を構成する中に「◎」が加わることで、男子より難易度が高くなっています。男子同様、「系列」の要素が少し含まれる問題となっています。この問題は切って一直線にした際の両端が何のマークになっているかを確認してください。そのあとは、どのように図形が並んでいるかを推理していかなければなりません。練習をする時には一つひとつ指でさして確認しながらはじめ、慣れてきたら始点に指を置き、頭の中で図形を動かせるようにしましょう。ていねいに取り組めればそれが一番よいのですが、当校の試験は、問題数が多く解答時間が短いのが特徴ですので、ゆっくり取り組むと時間が足りなくなってしまいます。練習の段階でより多くの問題に触れ、テンポよく解答できるようにしておきましょう。

【おすすめ問題集】

Ｊｒ・ウォッチャー５「回転・展開」、６「系列」、46「回転図形」

筑波大学附属小学校　図形攻略問題集①②

問題43　分野：制作

Aグループ男子

〈準備〉　線が２本書かれた台紙（穴を２か所開ける、１枚）、○を描いた紙１枚、
折り紙（赤、大１枚／青、小２枚）、シール（１枚）、
ひも（青、１本、20cm）、クーピーペン（緑）、スティックのり

〈問題〉　これから「ロケット」を作ってもらいます。
※制作手順については、問題43-１のイラストを参照してください。
※問題43-２のイラストは制作物の台紙として使用してください。

〈時間〉　10分

〈解答〉　省略

［2022年度出題］

学習のポイント

当校の制作の問題は、グループごとに作るものは違いますが、作業工程は全グループ同じものが課されます。そのため、お子さまが該当するグループだけではなく、全グループの問題に目を通し、練習するようにしてください。Ａグループ男子の課題は、立体物の作成でした。作業工程は比較的少なめですが、平面と違い、立体的なものにシールや折り紙を貼るのは難しい作業です。また、ひもを通す穴は紙の下の端に開けられているため、急いで強く結ぶと破れてしまいます。時間内に終わらせるのはもちろんですが、ていねいに取り組むようにしましょう。制作では、課題に出されたものが作れるというだけではなく、作業工程で行われている行為がスムーズに行えているかも重要なポイントです。工作で行う作業は一朝一夕には身につきません。コツコツと練習を積み重ねていってください。

【おすすめ問題集】
実践 ゆびさきトレーニング①②③、Ｊｒ・ウォッチャー23「切る・貼る・塗る」

問題44　分野：制作

Aグループ女子

〈準備〉　コーヒーフィルター（穴を１か所開ける、１枚）、折り紙（赤、大１枚）、
○を描いた紙１枚、丸シール（白、大１枚／緑、小２枚）、新聞紙１／４枚、
ひも（青、１本、20cm）、クーピーペン（緑）、スティックのり

〈問題〉　これから「ふわふわ星人」を作ってもらいます。
※制作手順については、問題44のイラストを参照してください。

〈時間〉　10分

〈解答〉　省略

［2022年度出題］

学習のポイント

制作の課題では、何を作るかのタイトルが聞かされます。しかし、本年度の女子のＡグループのように、タイトルだけでは完成図が想像しづらい課題もあります。その場合、制作時の先生の説明を１回で理解して行動する力が大切になってきます。１度にすべての指示を聞くのはとても大変です。日常生活においても、指示をまとめて１度しか言わない、少しずつ指示を多くしていくなどの対策をしていきましょう。Ａグループ女子の課題は、１つひとつの作業工程は基本的なものでした。しかし、今年度はコーヒーフィルターが使用されたため、厚紙の台紙に比べて柔らかくて破れやすく、慎重に扱わなければなりませんでした。このように、少し変わった道具が使用されることもありますので、さまざまな道具が扱えるようにしていきましょう。

【おすすめ問題集】
実践 ゆびさきトレーニング①②③、Ｊｒ・ウォッチャー23「切る・貼る・塗る」

問題45　分野：制作　Ｂグループ男子

〈準備〉　線が１本書かれた台紙（穴を４か所開ける、１枚）、
長方形の折り紙（紫、大１枚）、正方形の折り紙（黄、小１枚）、
○を描いた紙１枚、ひも（青、１本、30cm）、クーピーペン（赤）、
スティックのり

〈問題〉　これから「カバン」を作ってもらいます。
※制作手順については、問題45-１のイラストを参照してください。
※問題45-２のイラストは制作物の台紙として使用してください。

〈時間〉　10分

〈解答〉　省略

［2022年度出題］

学習のポイント

Ｂグループ男子の課題です。「カバン」というタイトルから完成図が想像しやすく、作業工程も数も少なめでした。そのため、一見簡単と思える課題ですが、そのような問題ほど、落とし穴も多数存在しています。より正確に、時間内に終わらせることはもちろんですが、先生の指示をしっかりと把握して作業にあたらなければ、肝心なところでミスを犯してしまい、ひもを通す穴がふさがってしまったり、ポケットが開かなくなってしまったりします。こうした作業ミスは、話をきちんと聞いていないことが原因であることが多く、学校側も要注意のチェック項目として観ています。時間内に終わらせるために焦ってしまうと思いますが、それぞれの過程を慎重にこなさなければなりません。また、空中ちょう結びなど、難しい課題も含まれています。かた結びでもいいという指示があったようですが、ちょう結びは出題されることが多いので、できるようにしておきましょう。

【おすすめ問題集】
実践 ゆびさきトレーニング①②③、Ｊｒ・ウォッチャー23「切る・貼る・塗る」

問題46　分野：制作　Bグループ女子

〈準備〉　お母さんの顔と魚の形が描かれた台紙（穴を１か所開ける、１枚）、
折り紙（黄、小１枚）、丸シール（白、１枚）、ひも（青、１本、20cm）、
クーピーペン（黒、青、赤、黄、緑）、スティックのり

〈問題〉　これから「魚の開き」を作ってもらいます。
※制作手順については、問題46－１のイラストを参照してください。
※問題46－２のイラストは制作物の台紙として使用してください。

〈時間〉　10分

〈解答〉　省略

［2022年度出題］

学習のポイント

Ｂグループ女子の課題です。基本的な「ちぎる・折る・貼る」「ちょう結び」に加えて、「お母さんの顔を描く」という工程があったため、時間内に完成できず、制作の途中で提出というお子さまが多かったようです。海や川で泳いでいる魚ではなく、制作しているものが、ふだん食卓で出てくる魚の開きであり、黄色い折り紙がレモン、白の丸いシールが大根おろしということに気がつけば、今何を作っていて、正しいものがどんな形なのか想像できたと思います。基本的な作業ももちろん大切ですが、日常生活を通して、身近なものを絵や立体で表現できるように練習してみるといいでしょう。

【おすすめ問題集】
実践 ゆびさきトレーニング①②③、Ｊｒ・ウォッチャー23「切る・貼る・塗る」

問題47　分野：制作　Cグループ男子

〈準備〉　カレーライスの絵が描かれた台紙（スプーンの柄に穴を１か所開ける、１枚）、
折り紙（ギザギザの線を描いておく、赤、１枚）、△を描いた紙１枚、
丸シール（黄色、３枚）、ひも（黒、１本、20cm）、
クーピーペン（オレンジ、緑）、スティックのり

〈問題〉　これから「カレーライス」を作ってもらいます。
※制作手順については、問題47－１のイラストを参照してください。
※問題47－２のイラストは制作物の台紙として使用してください。

〈時間〉　10分

〈解答〉　省略

［2022年度出題］

学習のポイント

Cグループ男子への課題です。作業の工程・種類は他のグループよりも多かったようです。そのためグループ全体で完成させられたお子さまはほとんどいなかったと思われます。当校の受験を考えている方は、月齢を意識するのではなく、ちぎる、貼る、線を描く、ちょう結びをする、折るなど、基本的な作業はテンポよくこなせることを意識しましょう。作業工程が多い課題ですので、時間内に完成できなくても、「止め」と言われるまで一生懸命取り組むことが大切です。保護者の方は結果だけに目を向けるのではなく、取り組んでいる最中や、終わったあとの机の状態、道具やゴミの片付けなどにも目を向けてください。

【おすすめ問題集】
実践 ゆびさきトレーニング①②③、Jr・ウォッチャー23「切る・貼る・塗る」

問題48　分野：制作　Cグループ女子

〈準備〉　紙皿（上部に2か所穴が開いている、1枚）、折り紙（青、大1枚）、星を描いた紙1枚、丸シール（青、1枚）、リボン（赤、1本、20cm）、クーピーペン（緑、黒）、スティックのり

〈問題〉　これから「メダル」を作ってもらいます。
※制作手順については、問題48-1のイラストを参照してください。

〈時間〉　10分

〈解答〉　省略

［2022年度出題］

学習のポイント

Cグループ女子への課題です。星の形をちぎるという工程がありますが、お子さまにとってはかなり難易度が高い作業になります。なかでも、凹んだところを手でちぎるのは、普段から練習をしていなければ難しいでしょう。「ちぎる・折る・貼る」を上手に行うためには練習が必要です。しかし、「ちぎる」という行為は「破く」とは違いますので、間違えた対策をとらないように注意してください。また、本問では、紙皿の裏がメダルの表になるため、指示をよく聞かなければ間違えてしまいます。指示をしっかり聞き、作業に熱中しすぎて次の工程に進めないということがないようにしましょう。

【おすすめ問題集】
実践 ゆびさきトレーニング①②③、Jr・ウォッチャー23「切る・貼る・塗る」

問題 1

①

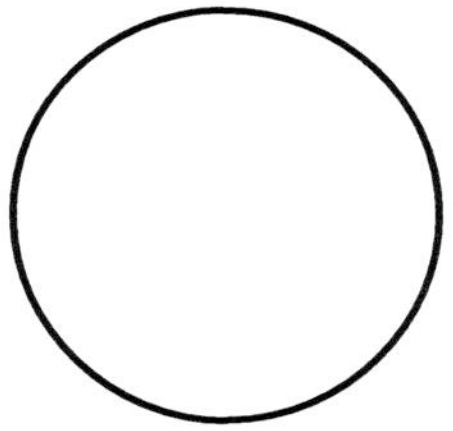

②

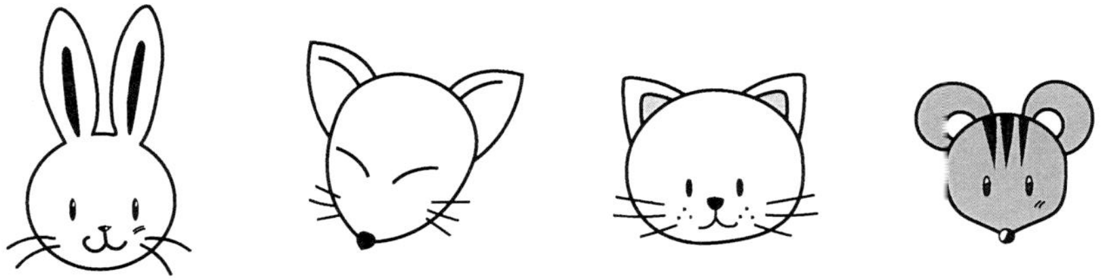

③

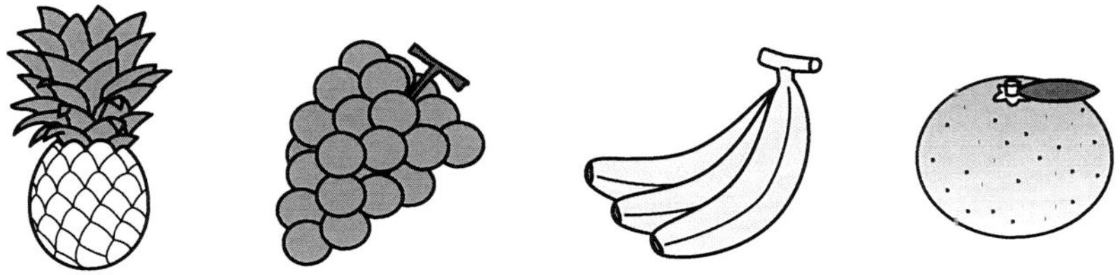

④

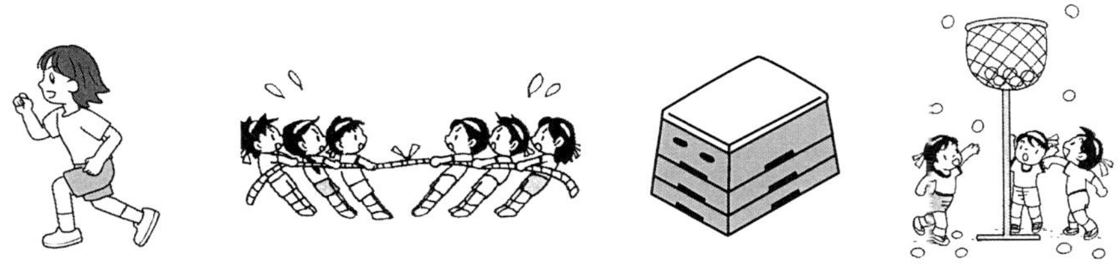

⑤

⑥

⑦

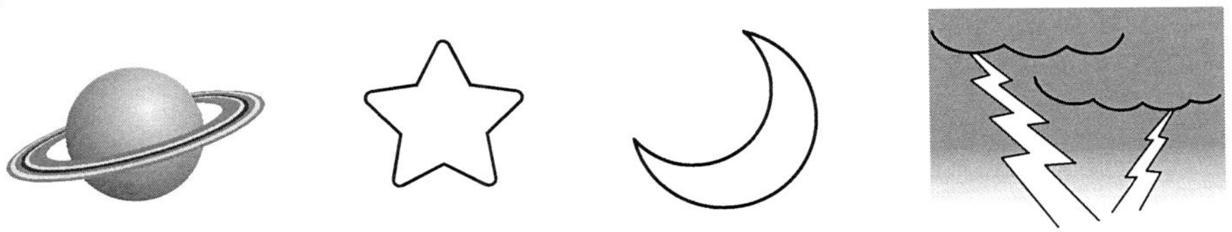

⑧

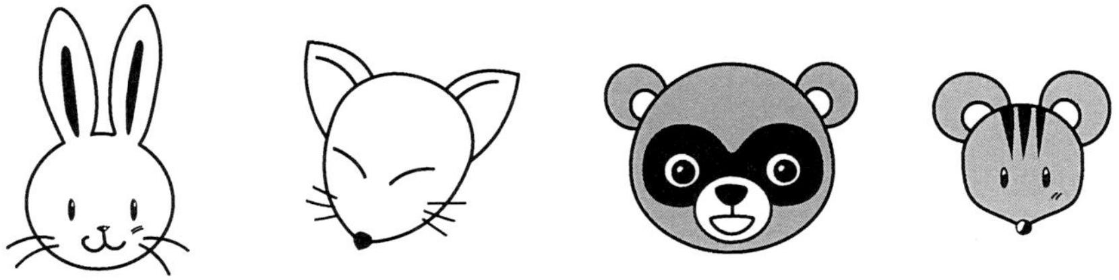

⑨

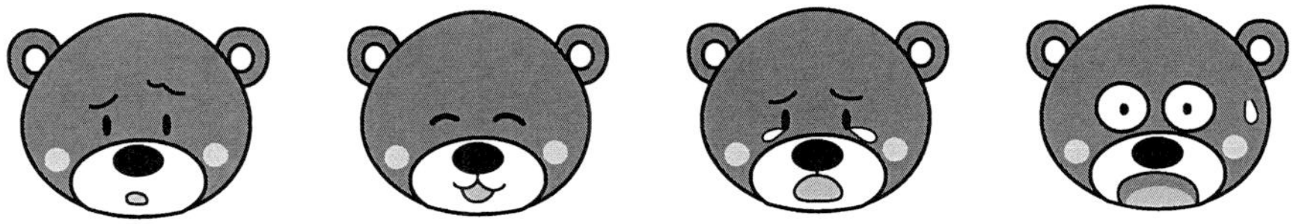

⑩

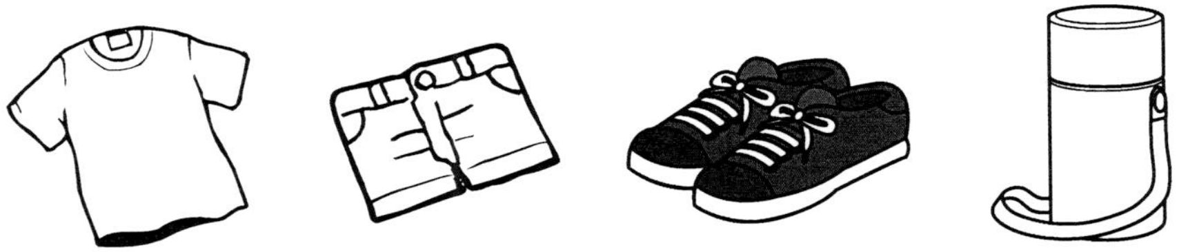

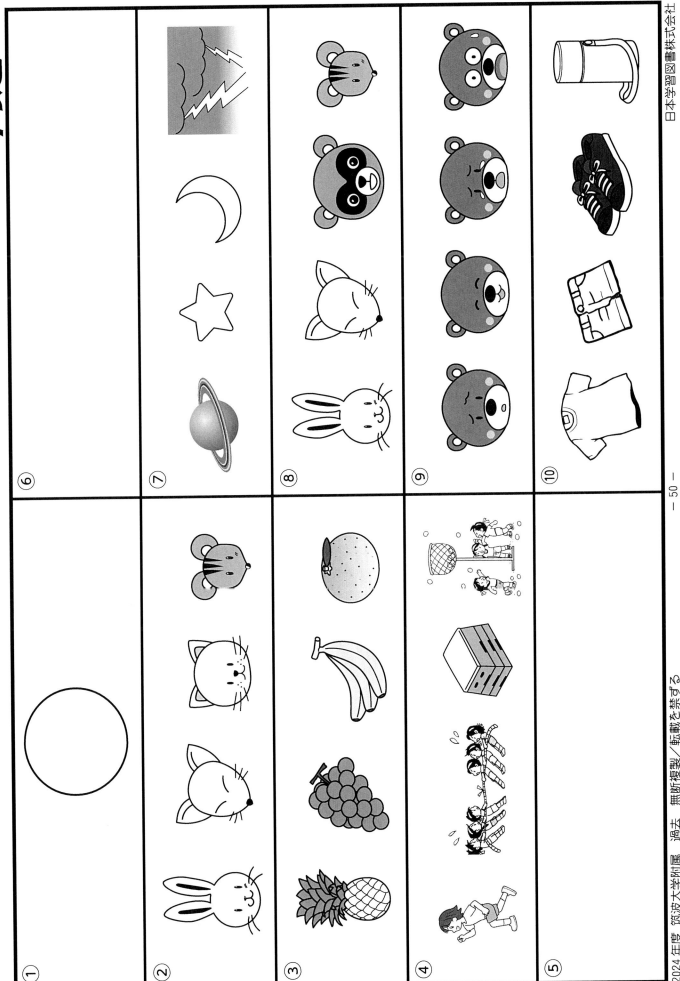

問題2

①

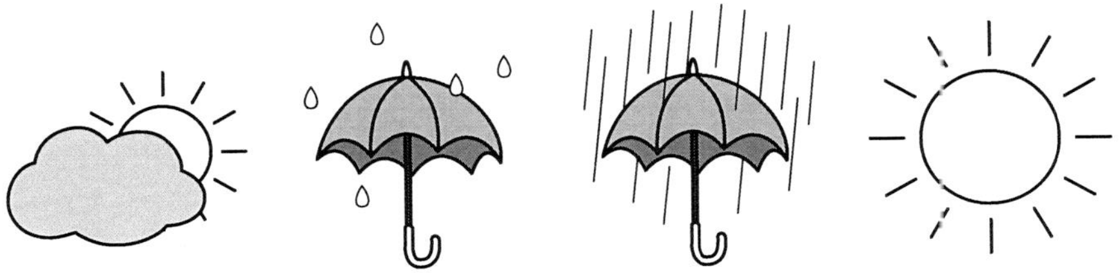

②

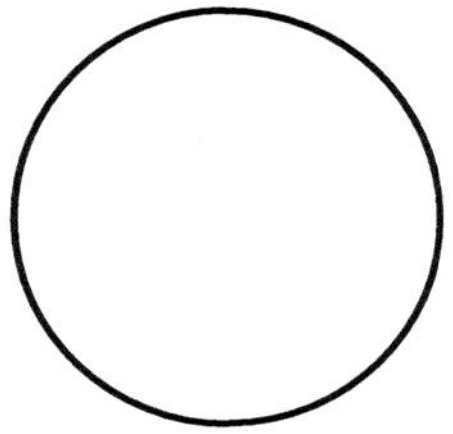

③

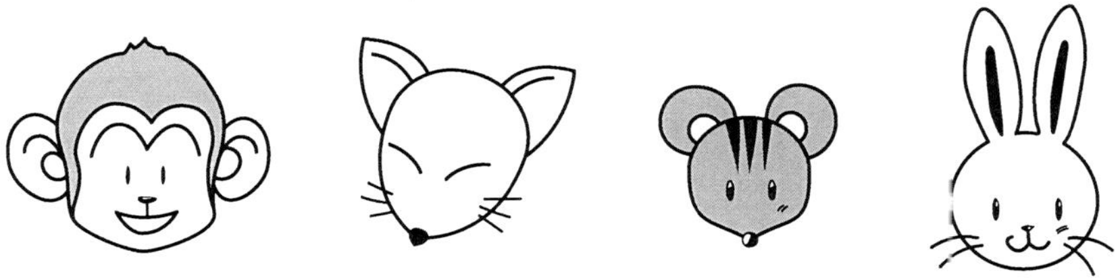

④

⑤

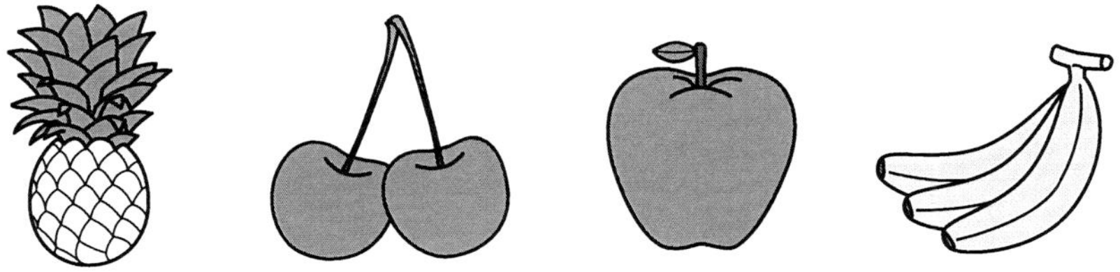

⑥

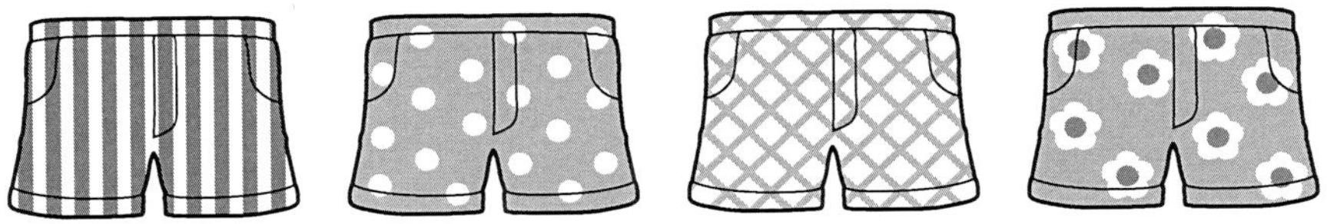

⑦

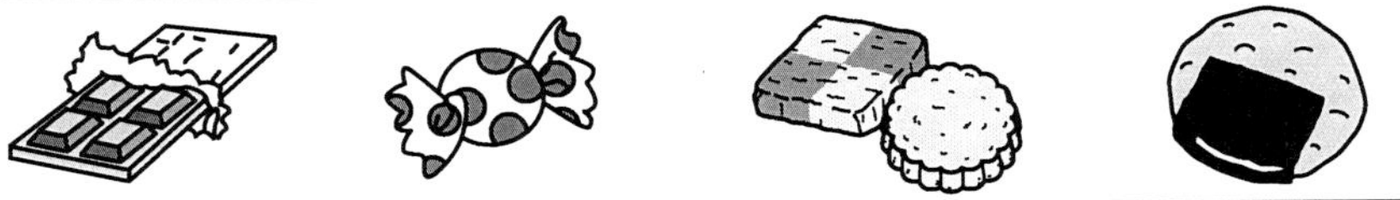

⑧

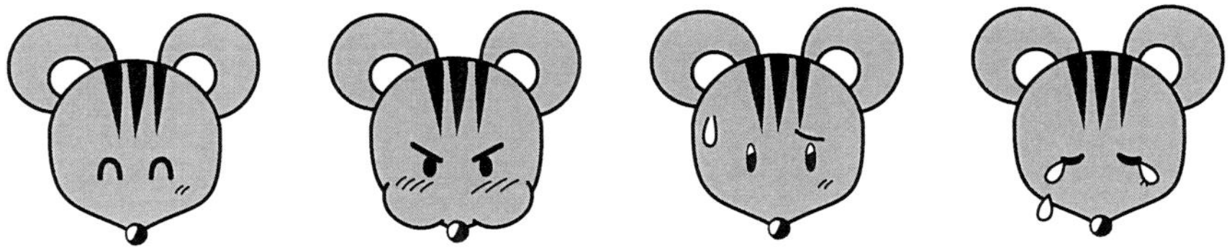

⑨

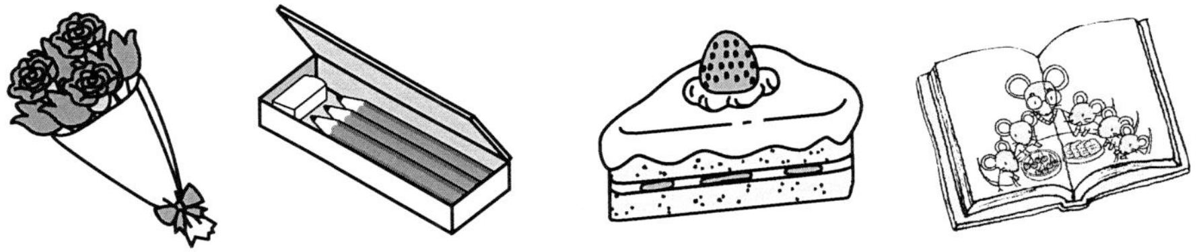

⑩

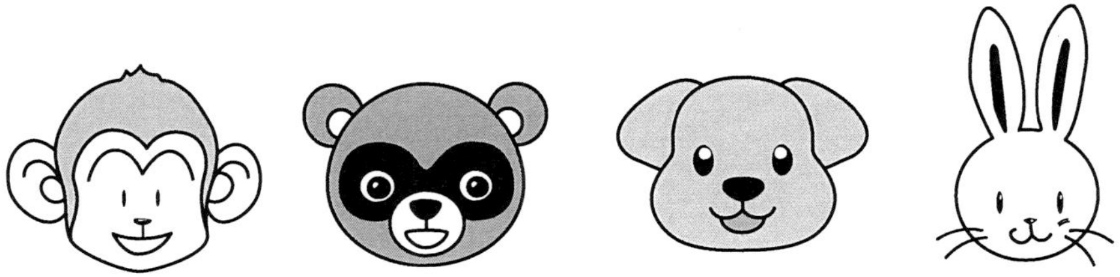

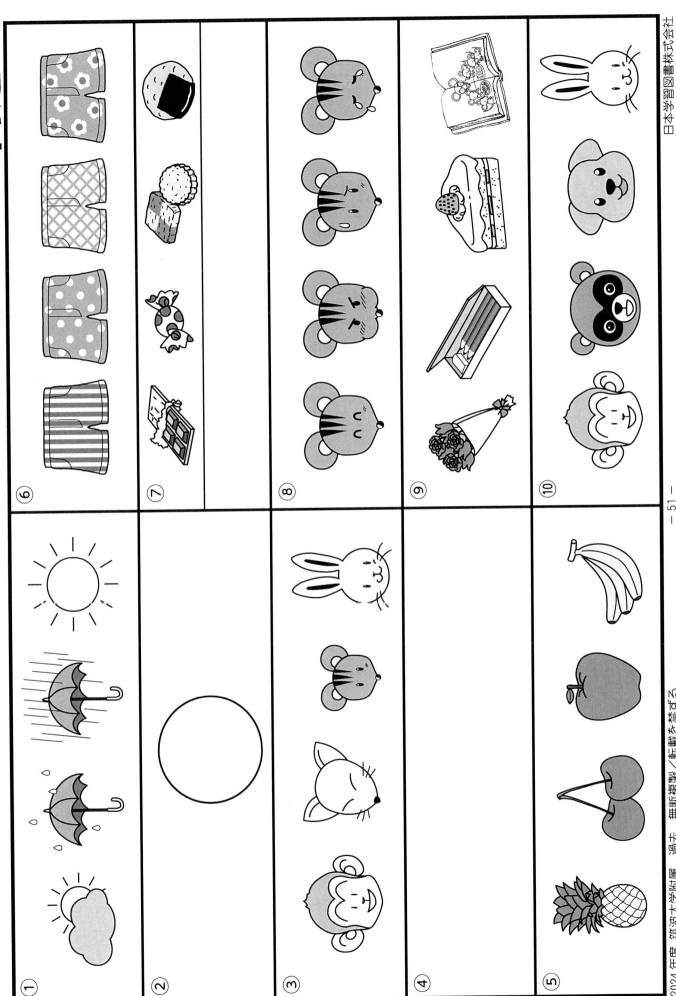

問題3

①

②

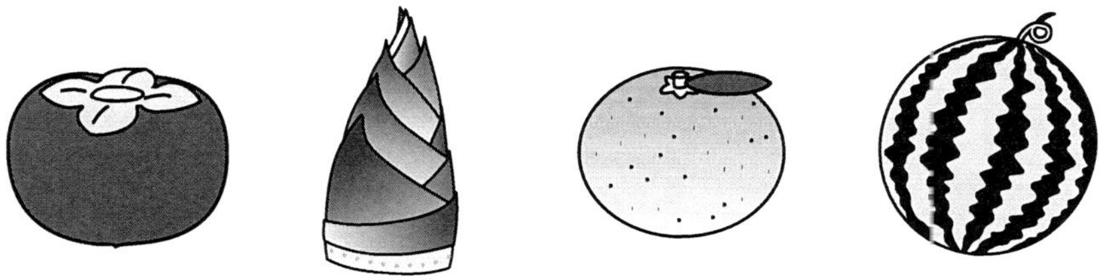

③

④

⑤

⑥

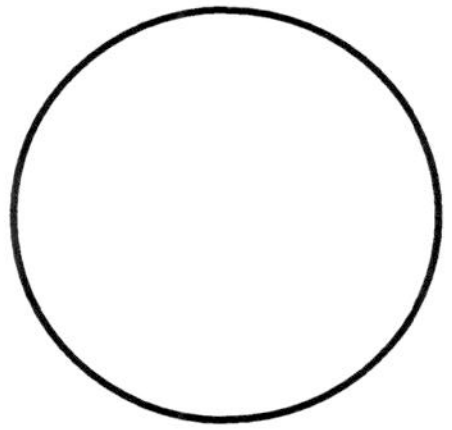

⑦

⑧

⑨

⑩

問題4

①

②

③

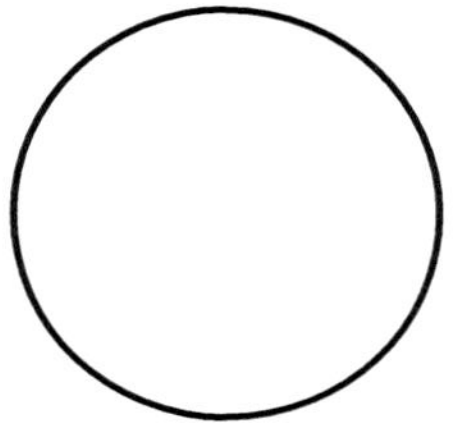

④

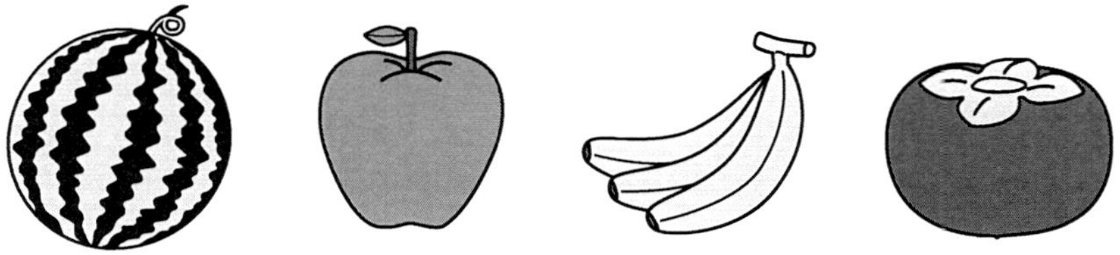

⑤

⑥

⑦

⑧

⑨

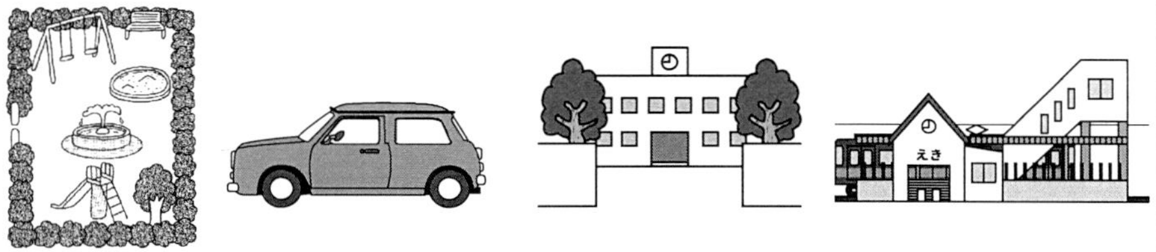

⑩

問題5

①

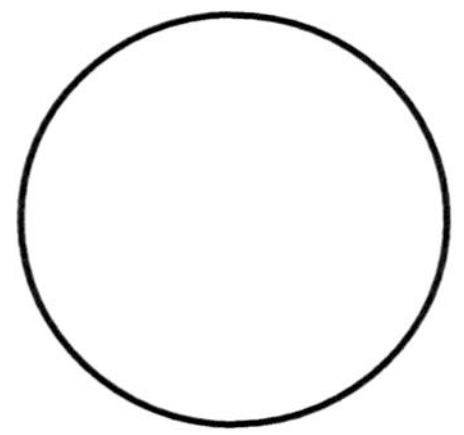

②

③

④

⑤

⑥

⑦

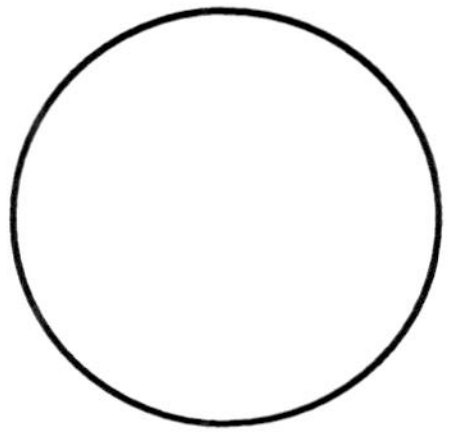

⑧

⑨

⑩

問題6

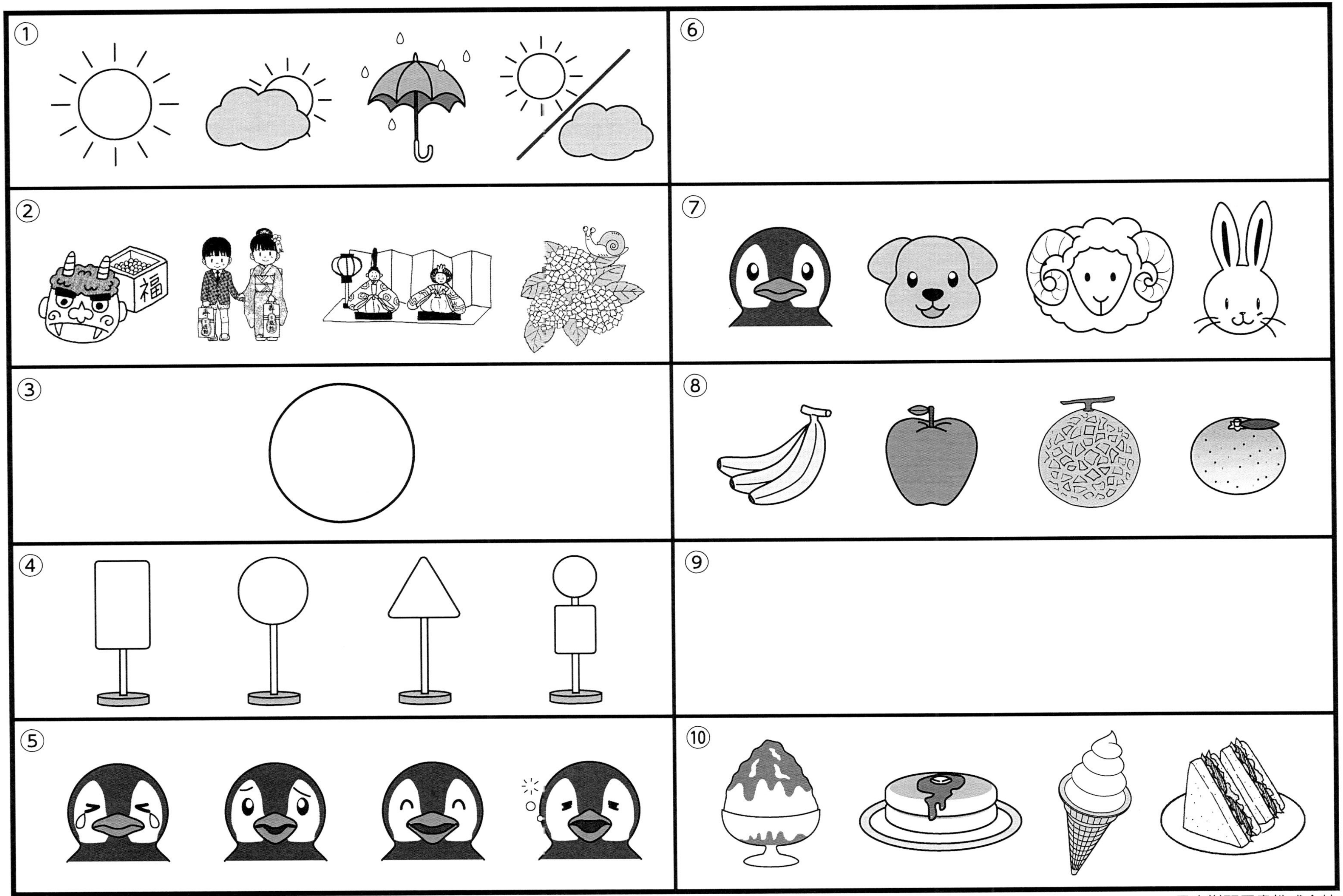

日本学習図書株式会社

問題 7 - 1

日本学習図書株式会社

2024年度 筑波大学附属 過去 無断複製/転載を禁ずる

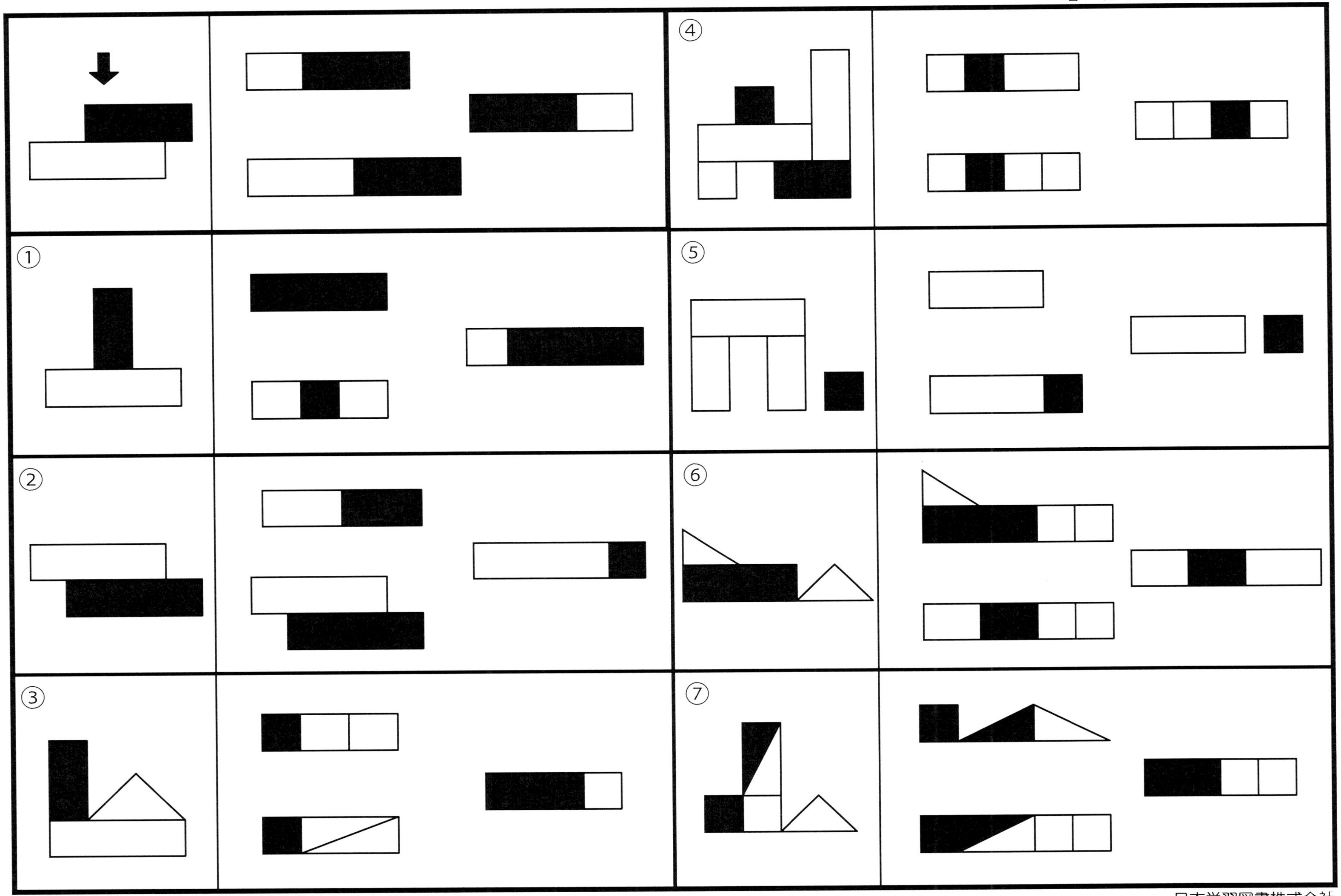

問題7－2

⑧

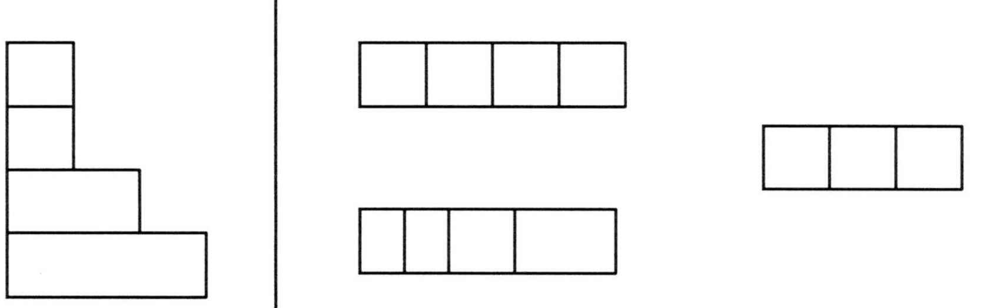

⑨

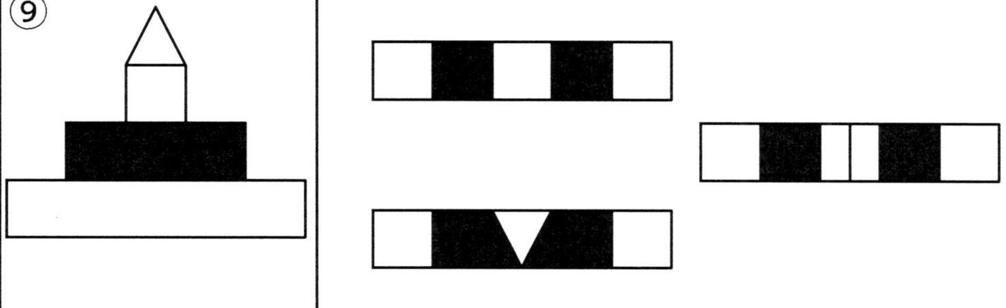

⑩

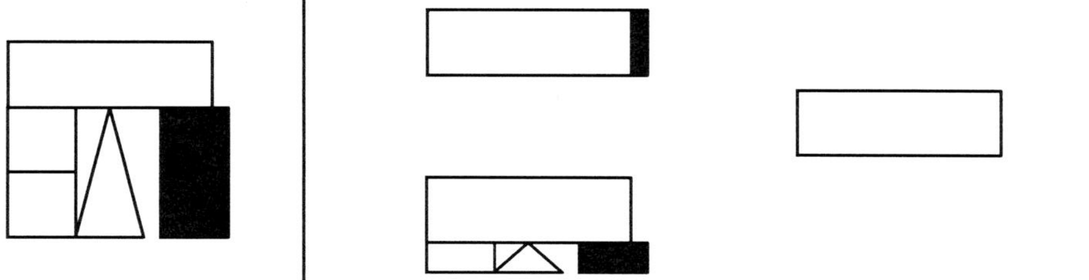

⑪

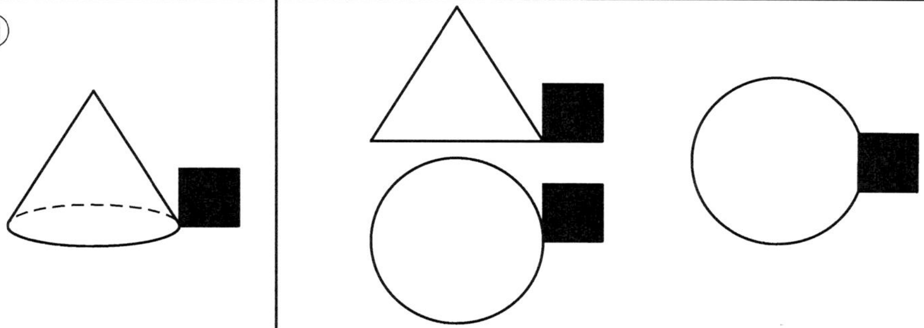

⑫

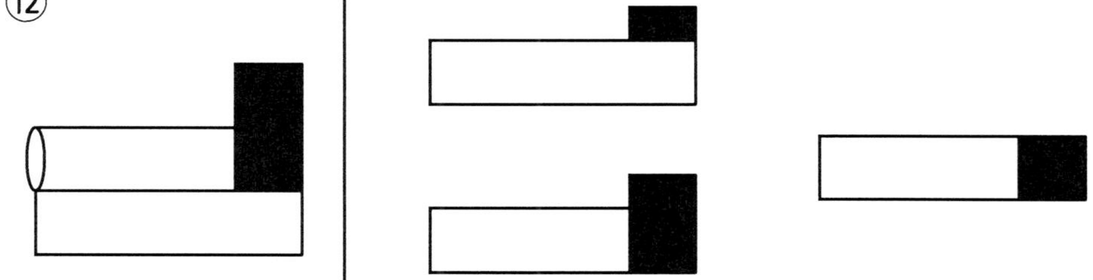

⑬

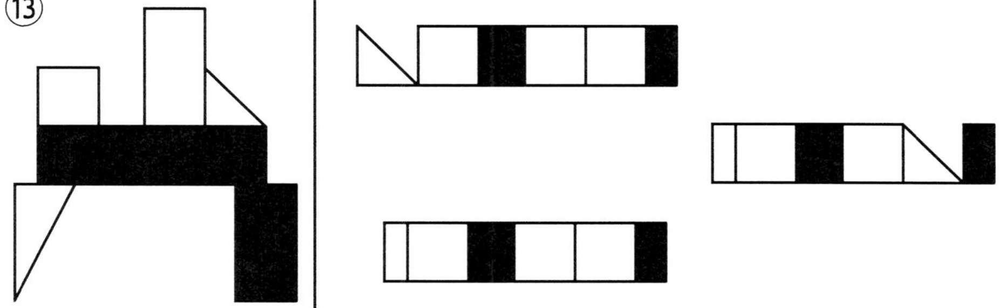

⑭

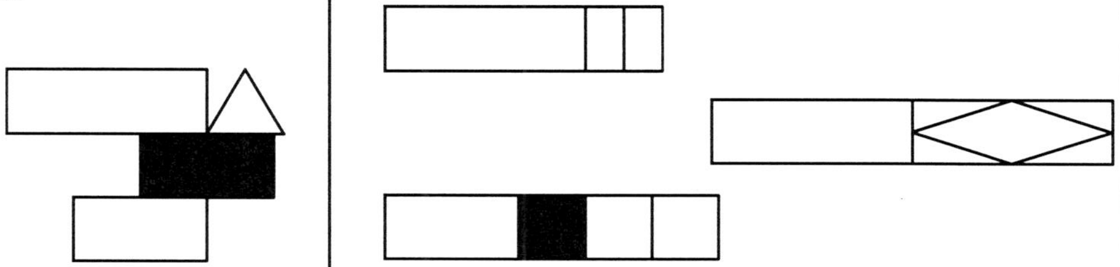

⑮

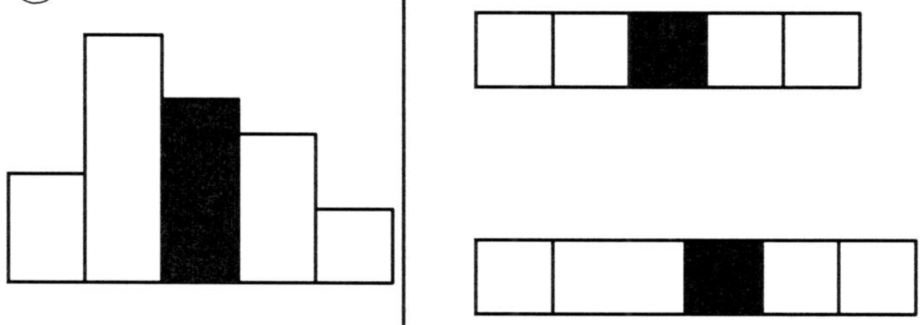

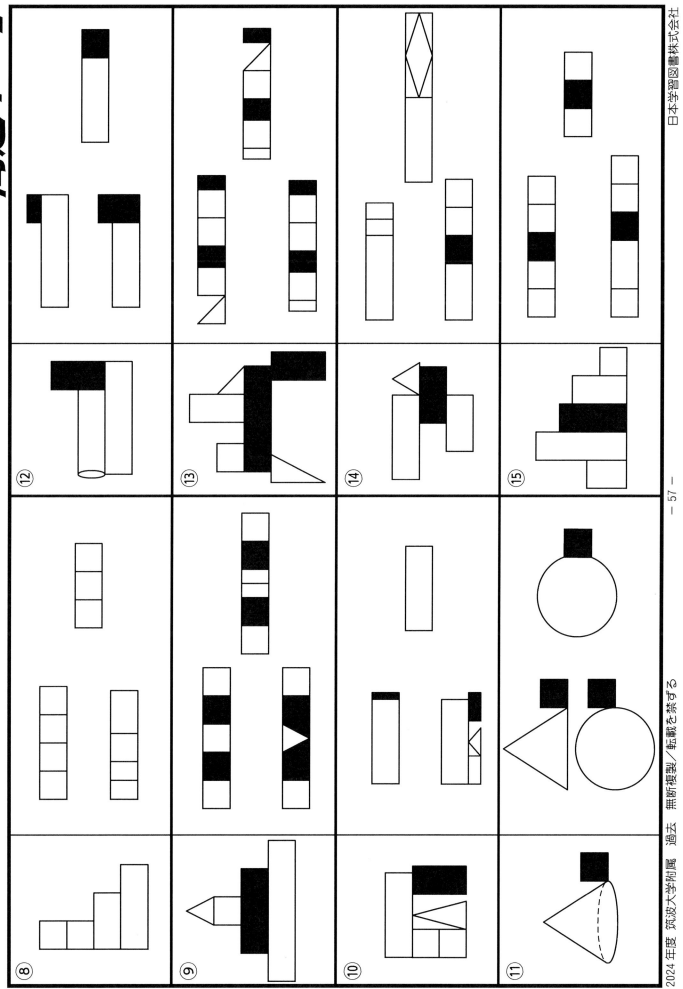

問題8－1

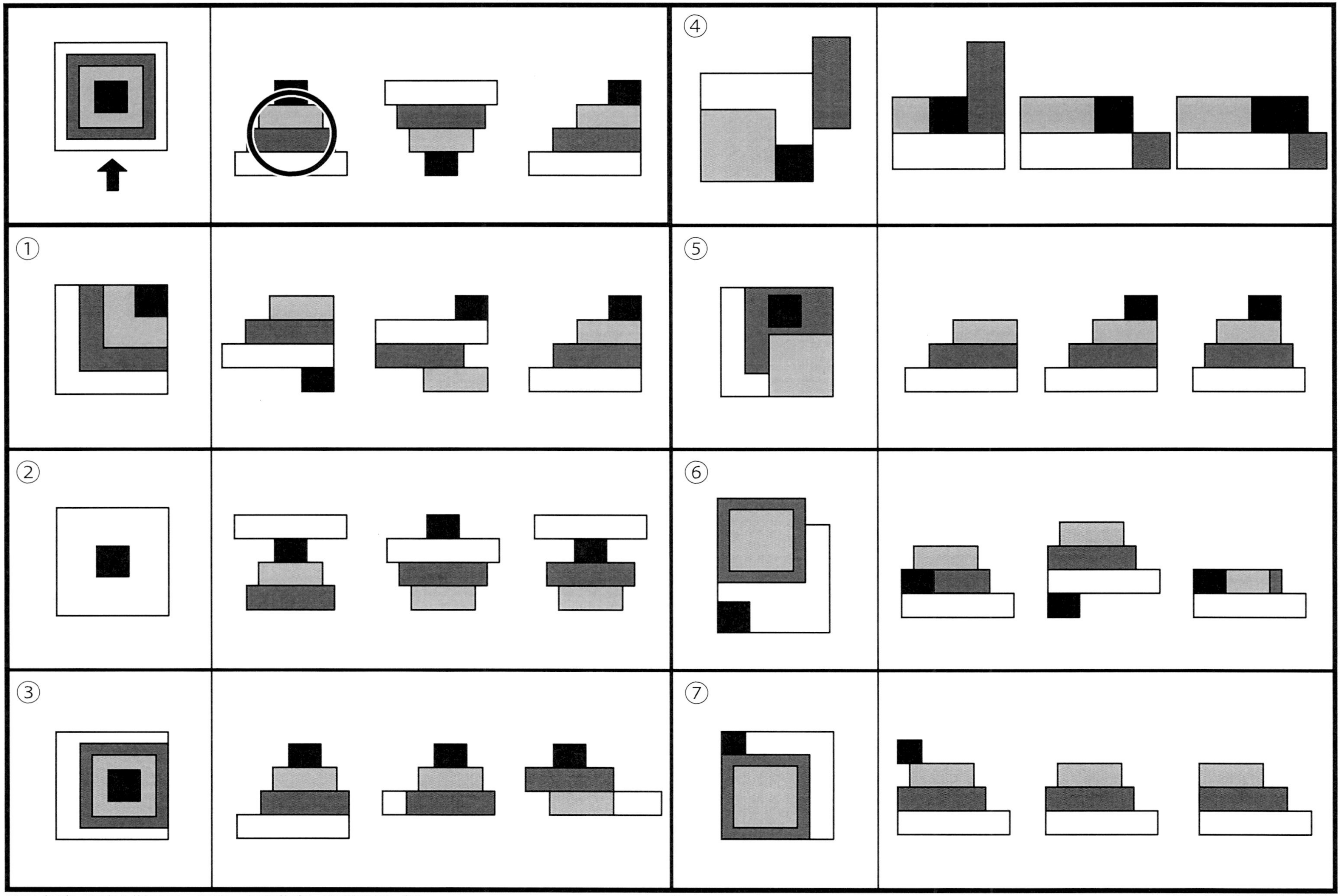

問題8－2

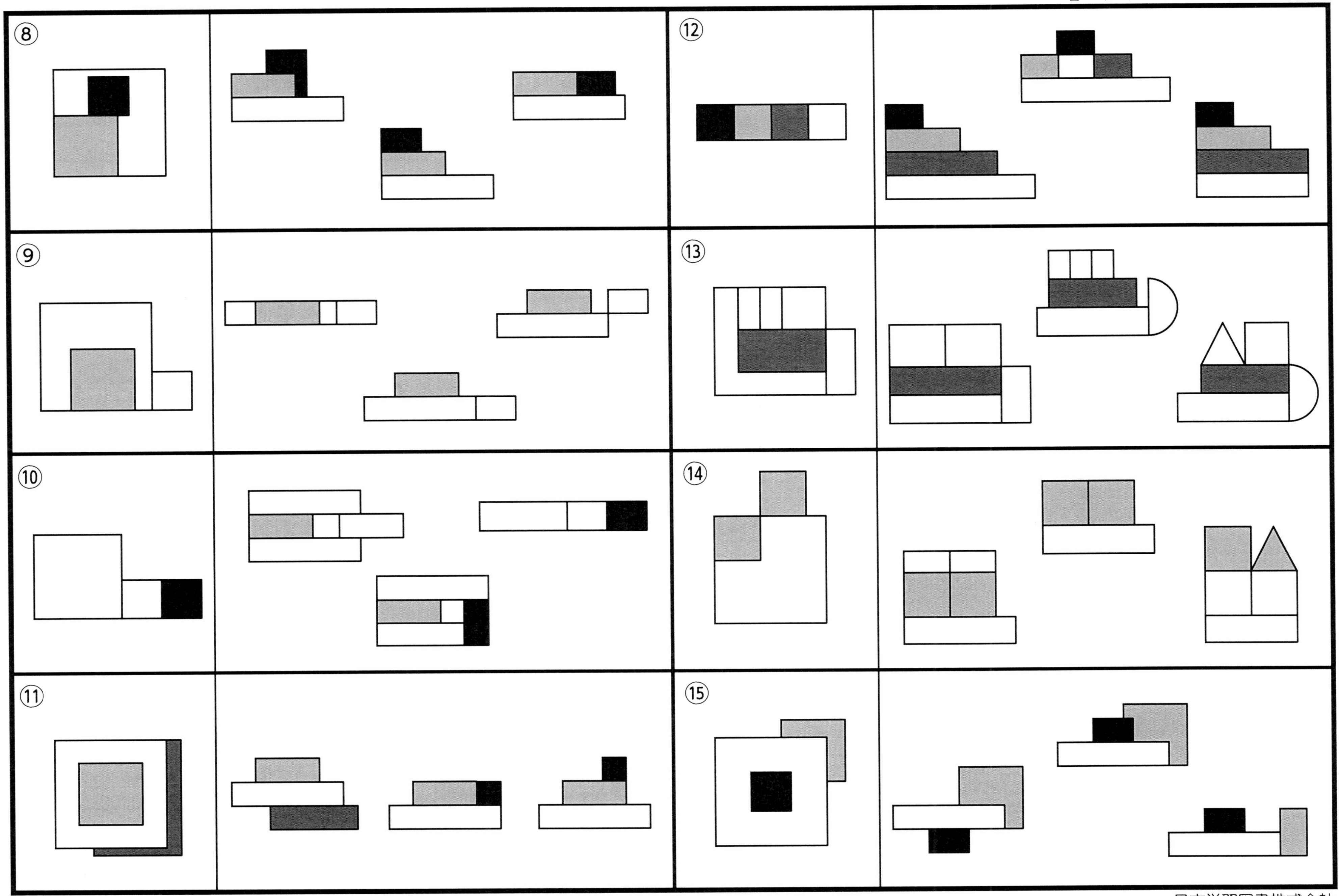

問題9－1

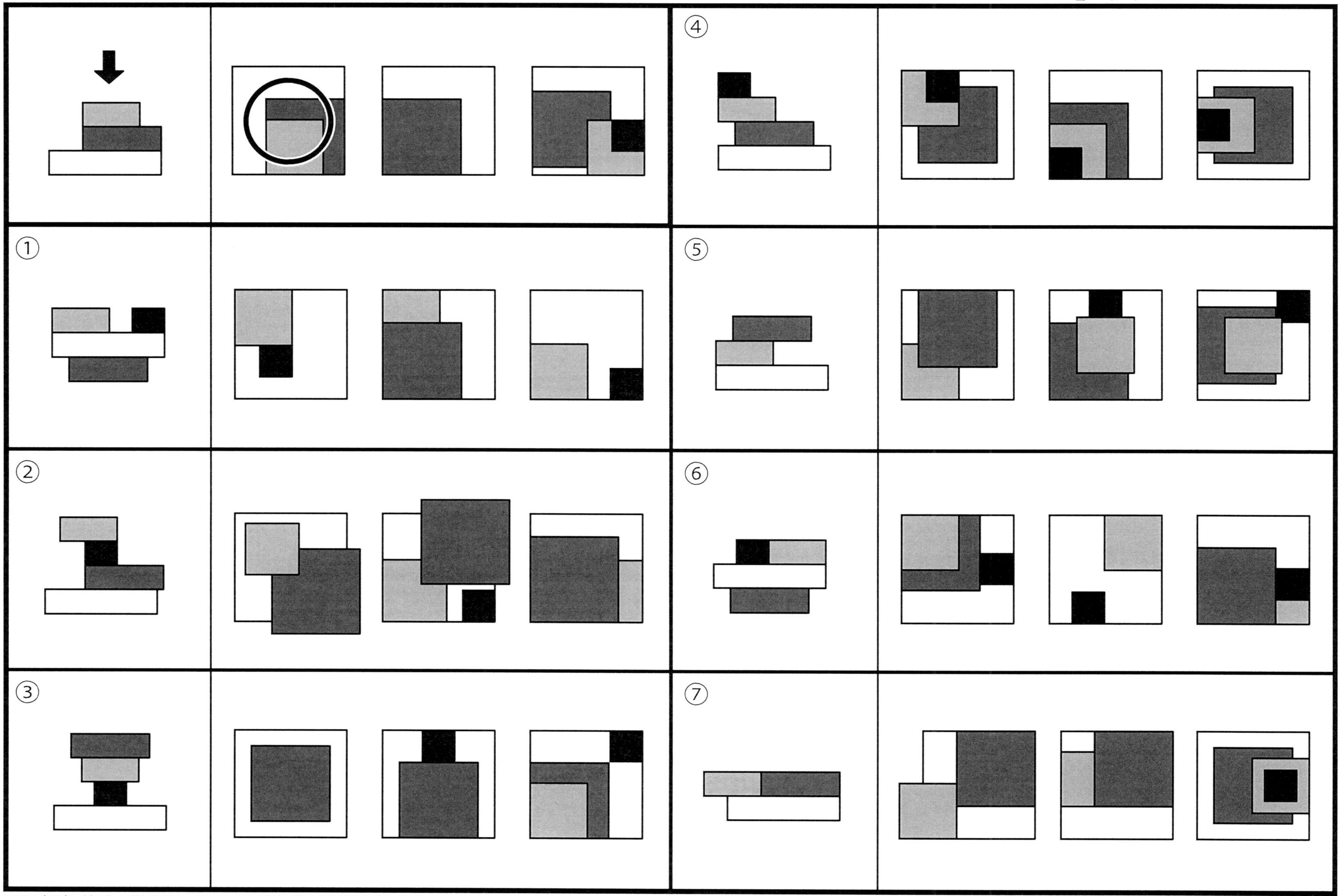

問題9－2

⑧

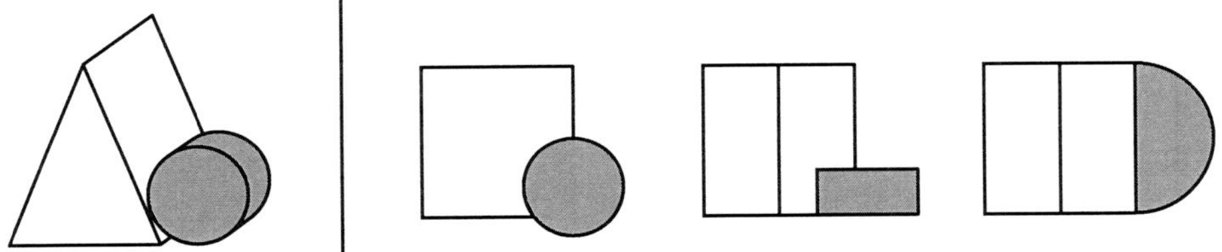

⑨

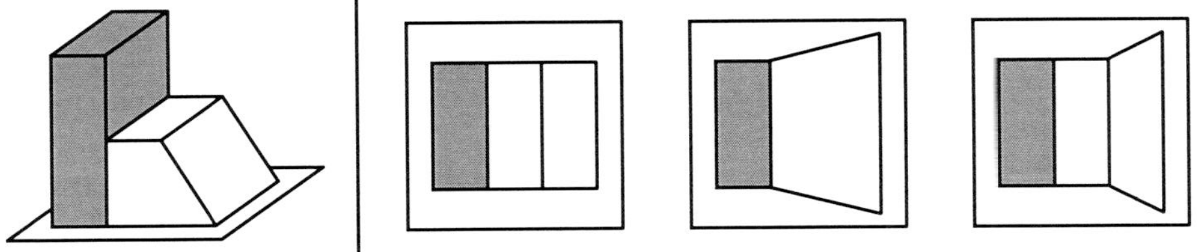

⑩

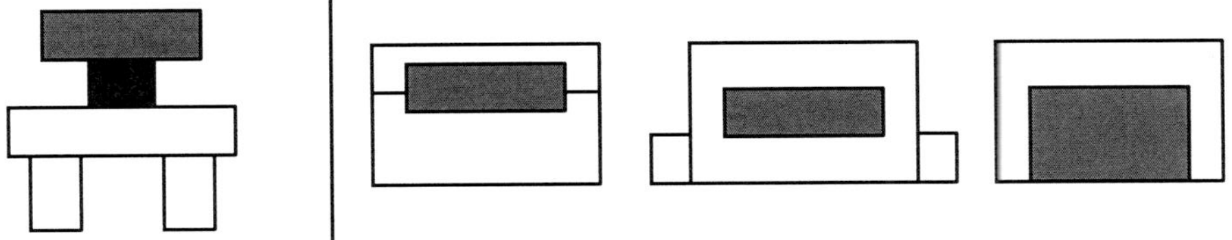

⑪

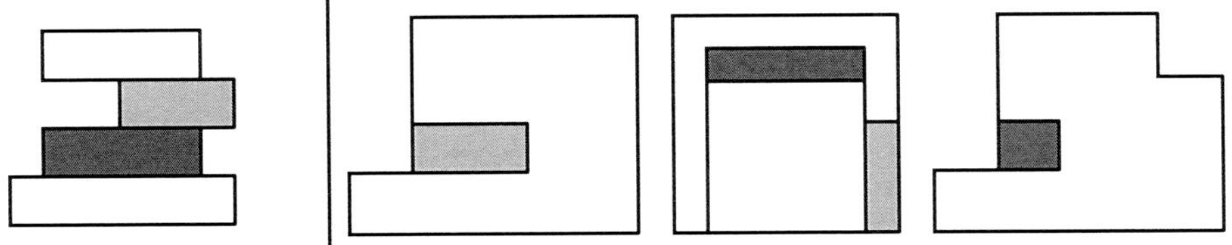

⑫

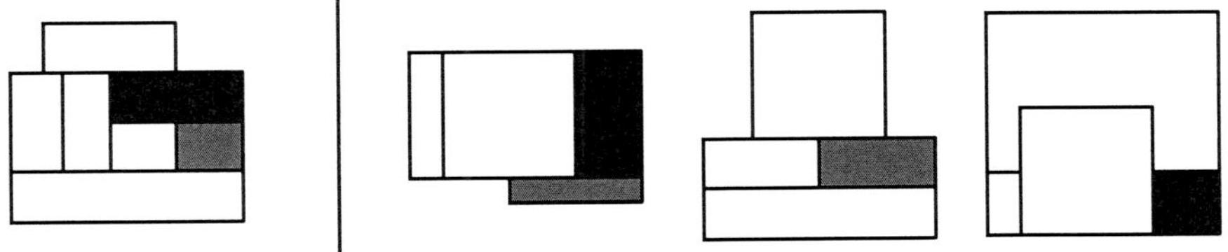

⑬

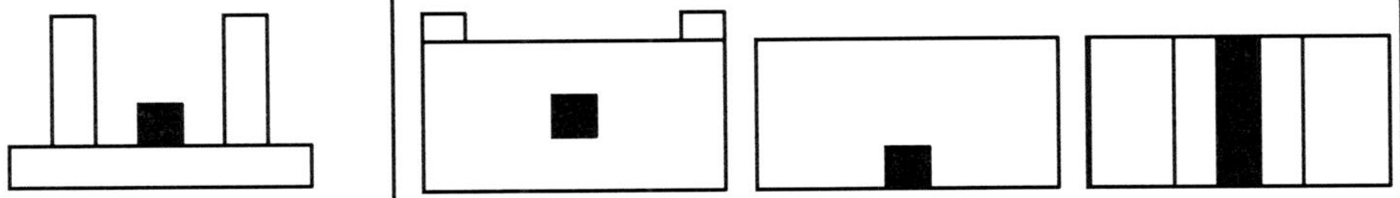

⑭

⑮

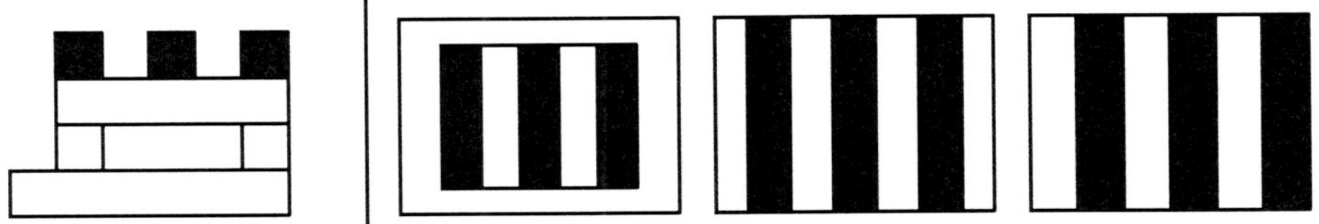

問題10－1

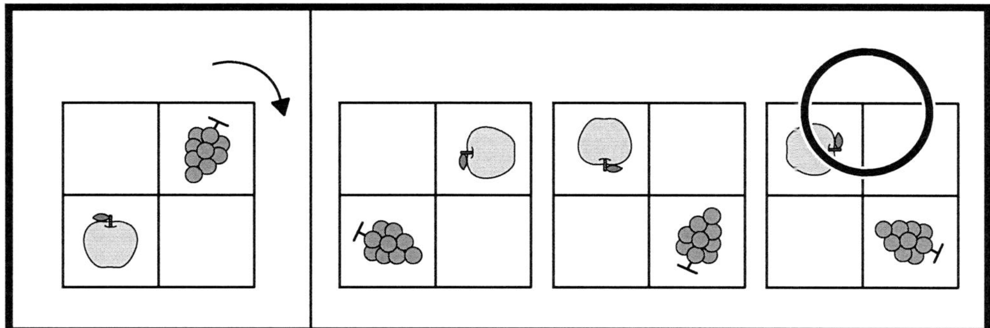

①

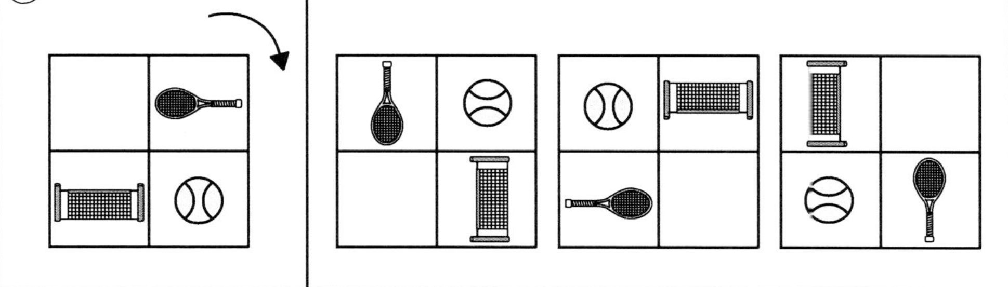

②

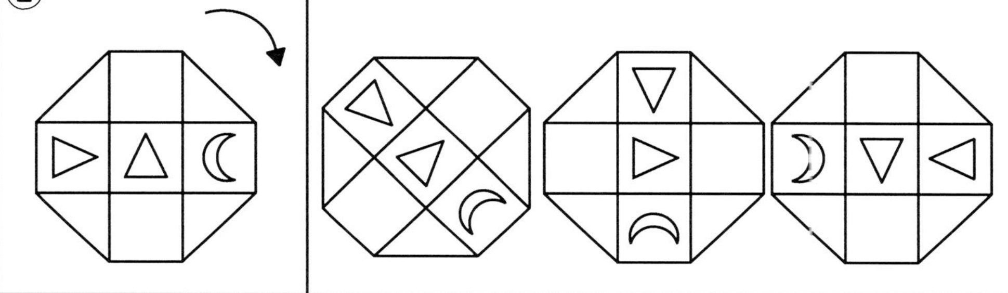

③

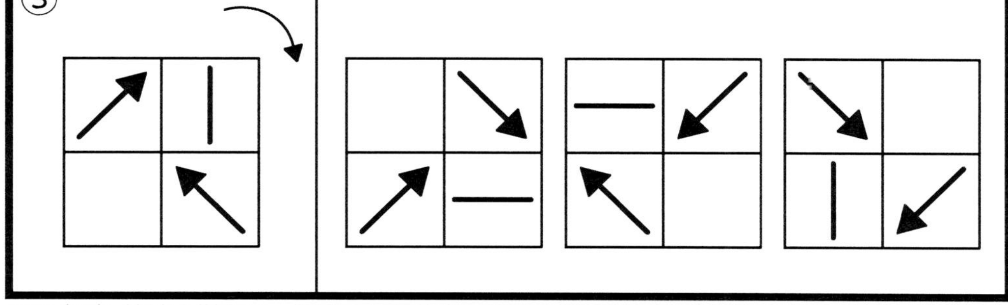

④

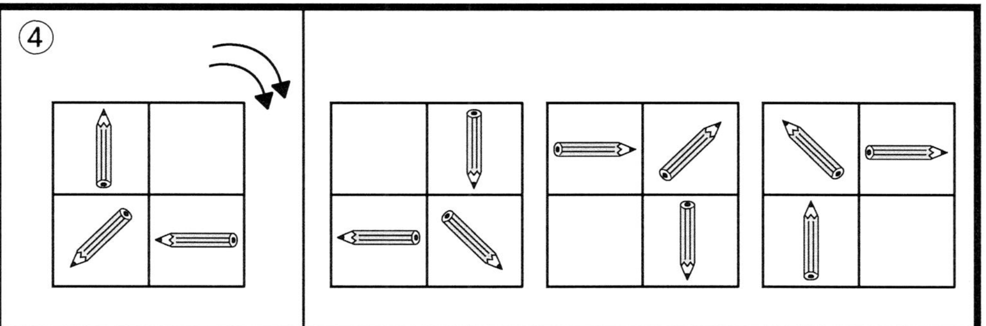

⑤

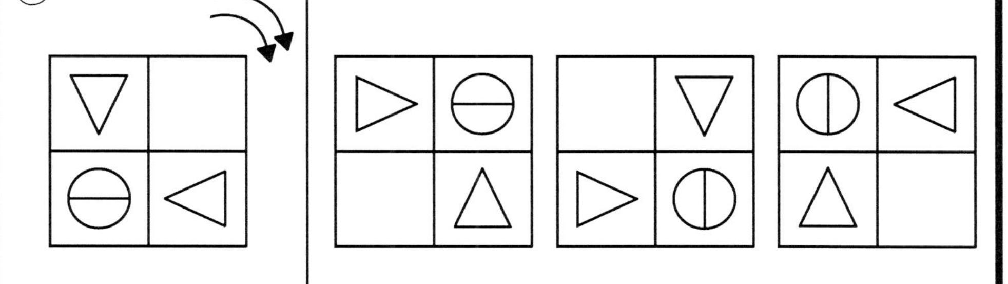

⑥

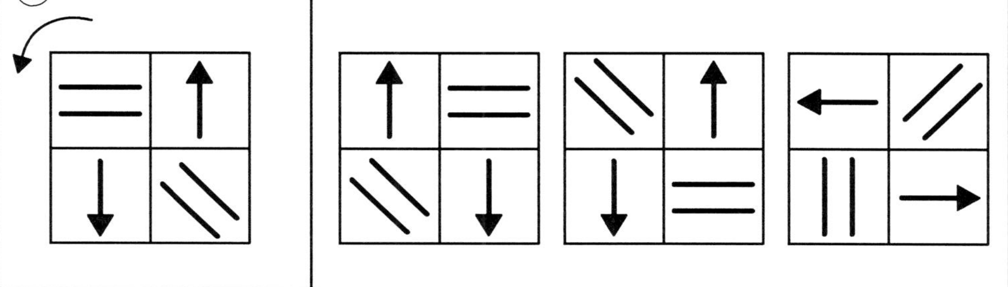

⑦

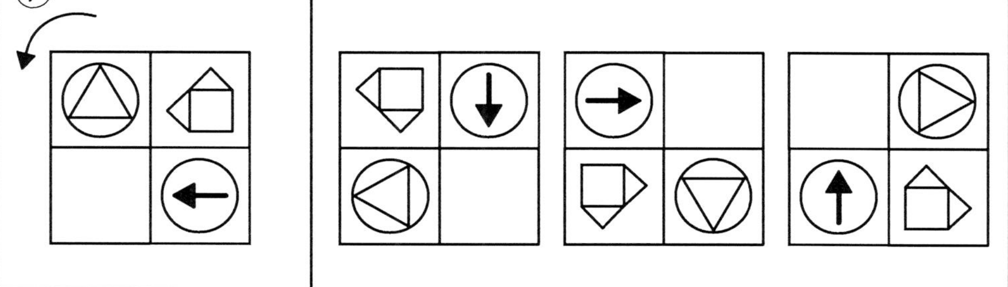

問題１０－２

⑧
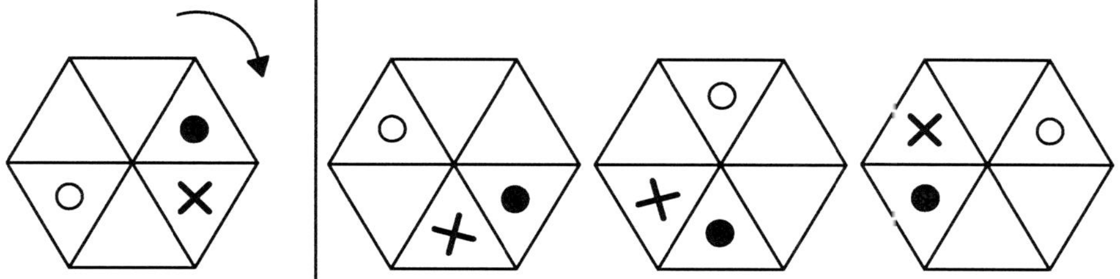

⑨
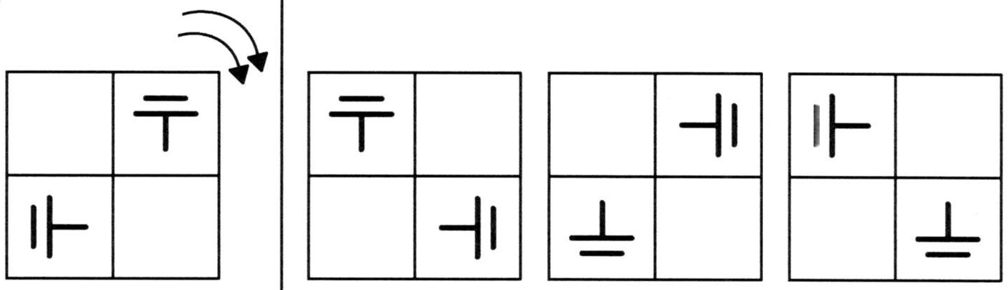

⑩
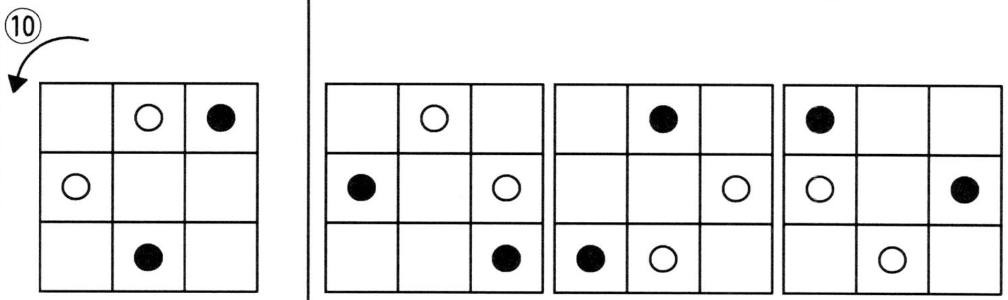

⑪
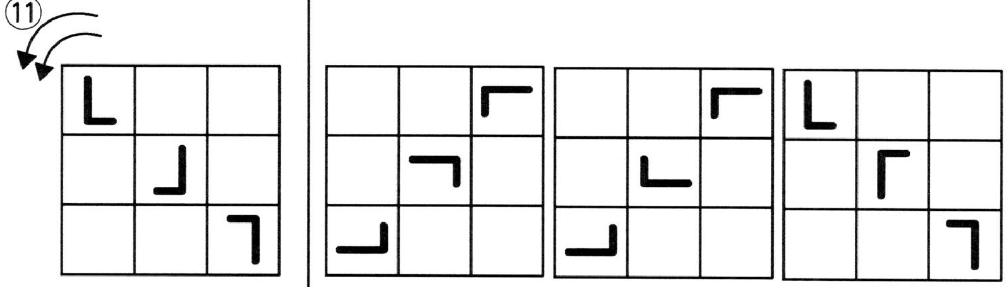

⑫
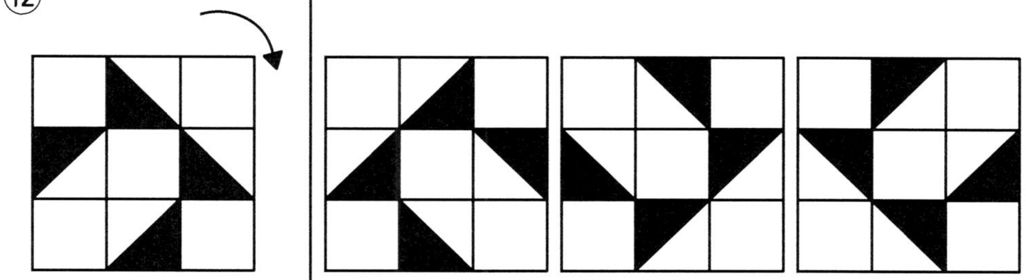

⑬
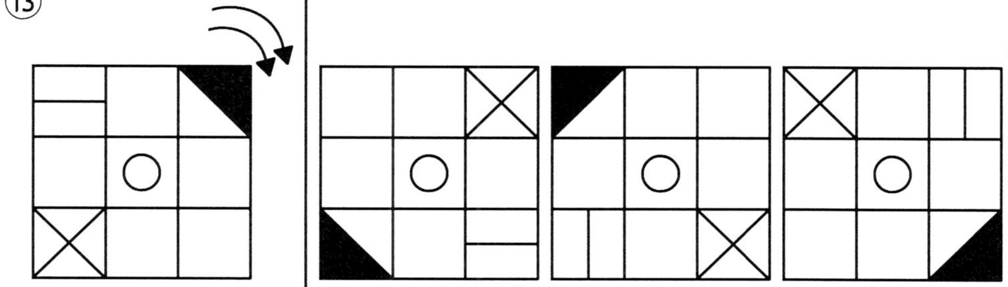

⑭
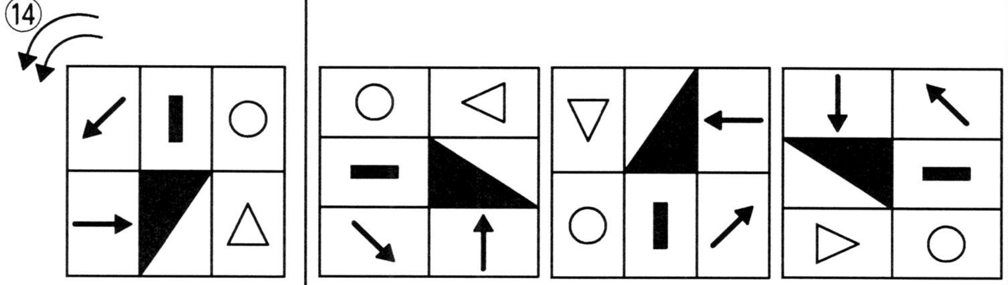

⑮
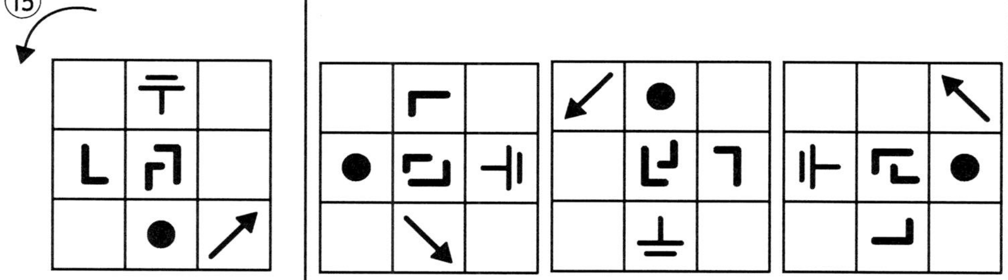

問題11－1

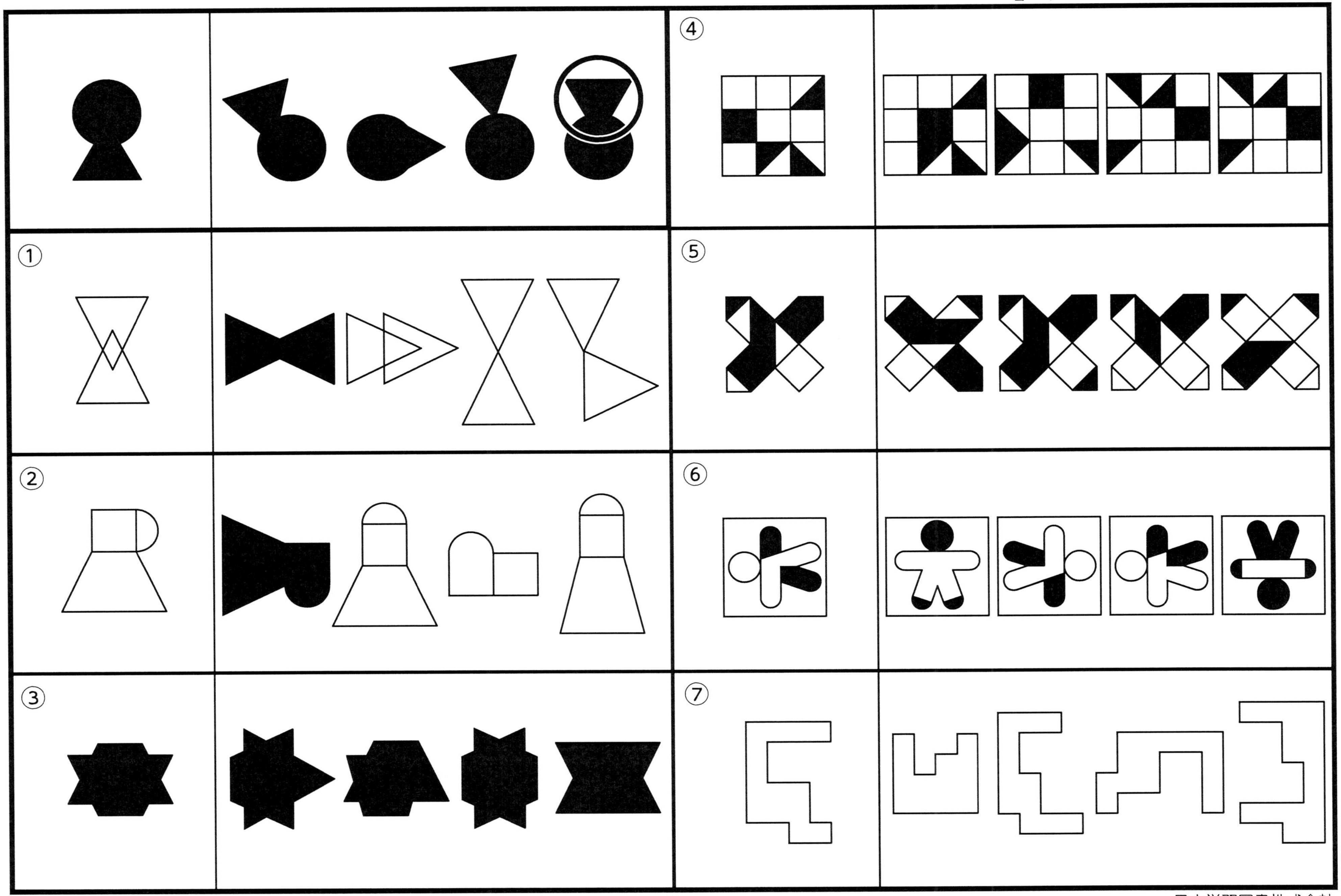

問題11−2

⑧

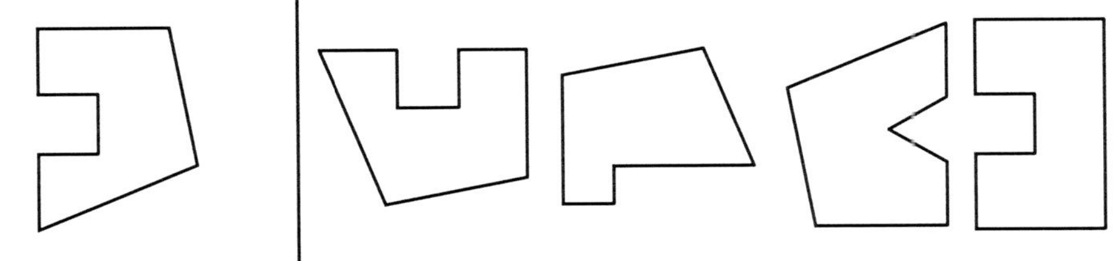

⑨

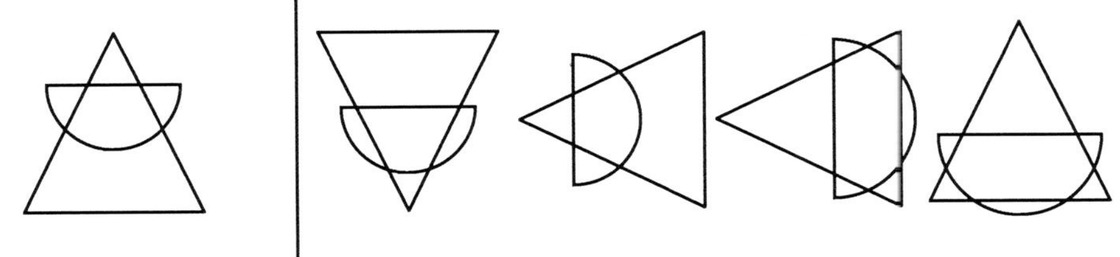

⑩

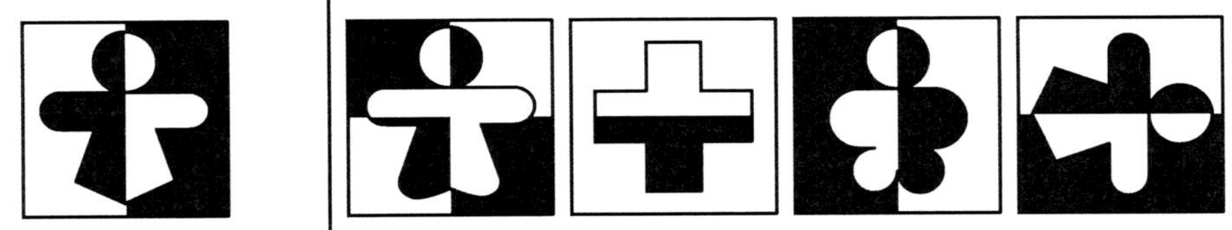

⑪

⑫

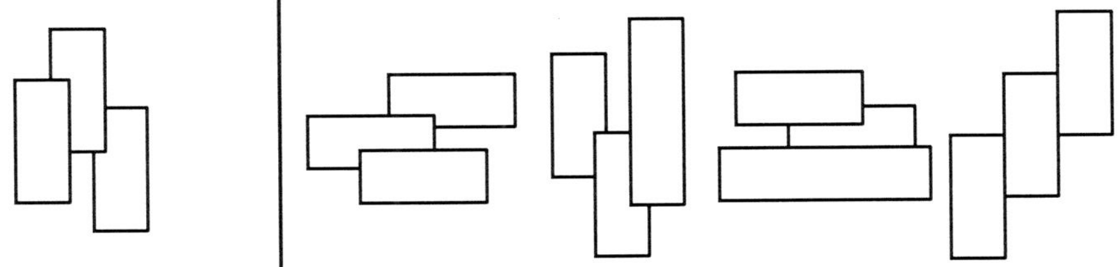

⑬

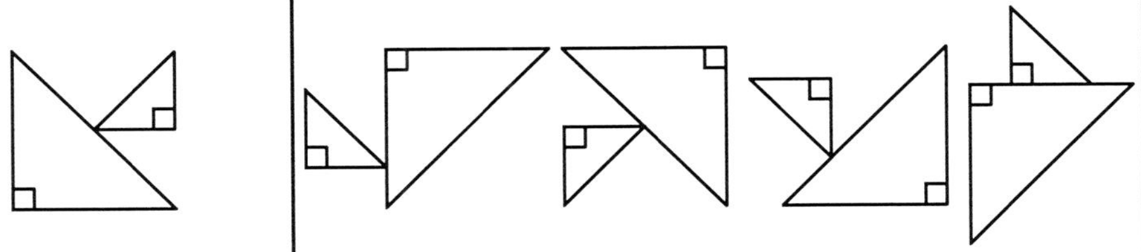

⑭

⑮

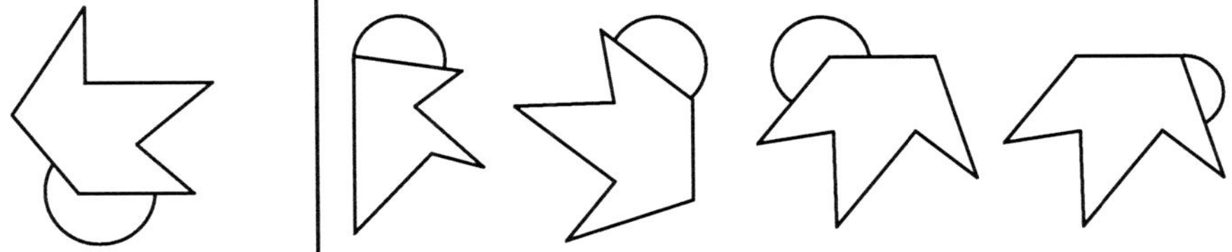

問題１２

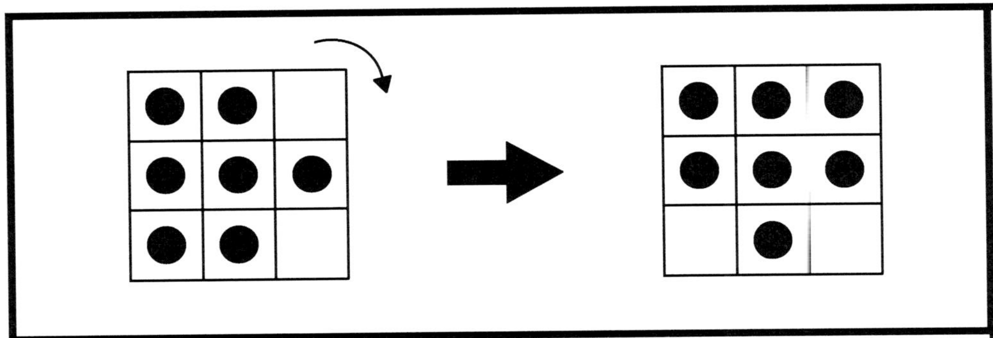

①

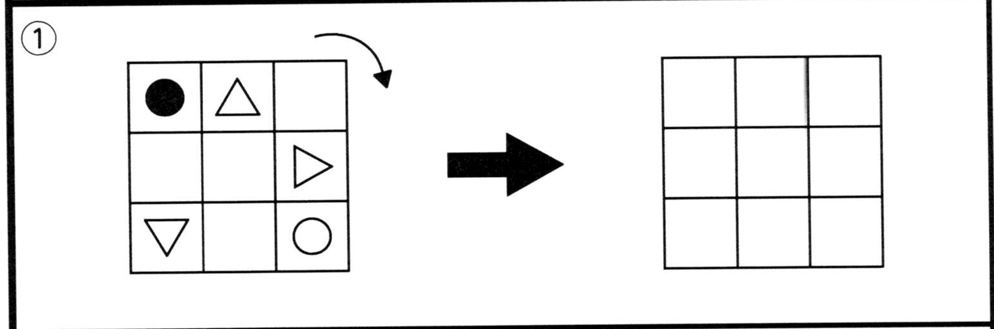

②

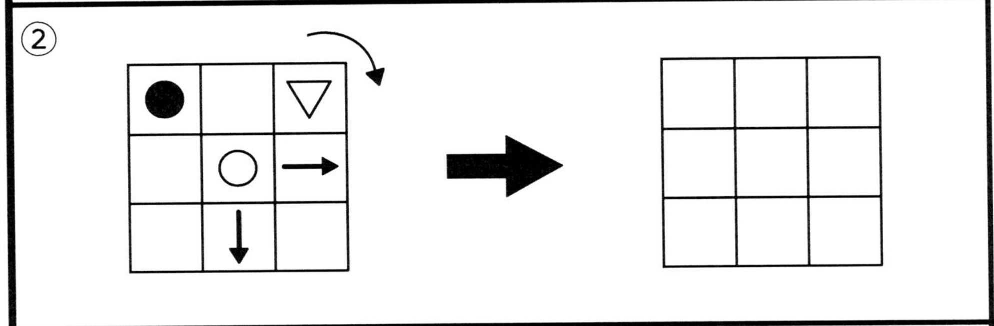

③

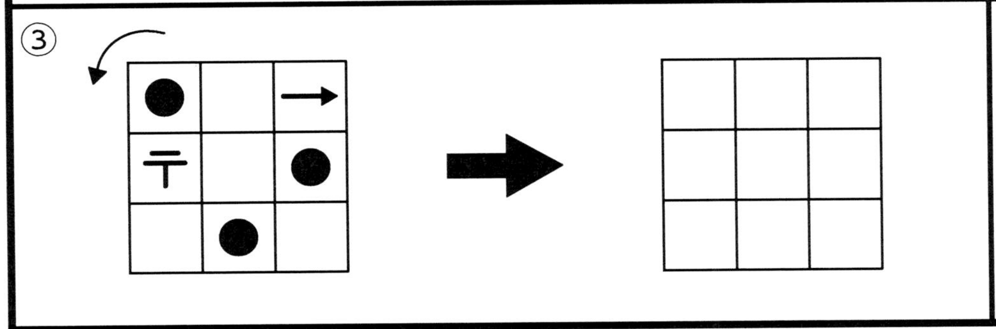

④

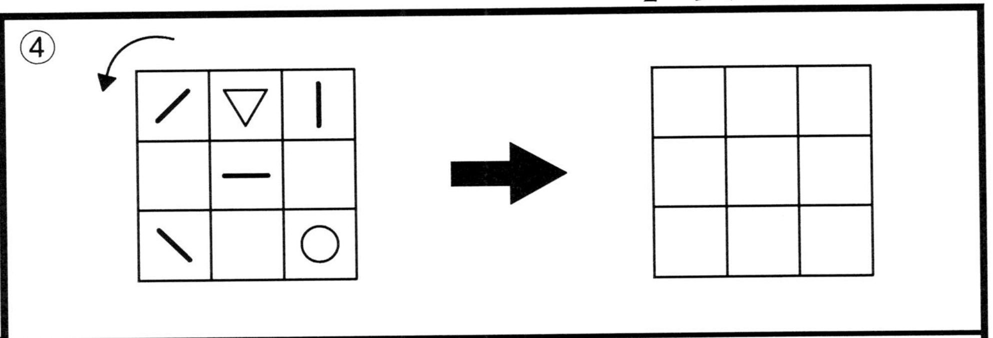

⑤

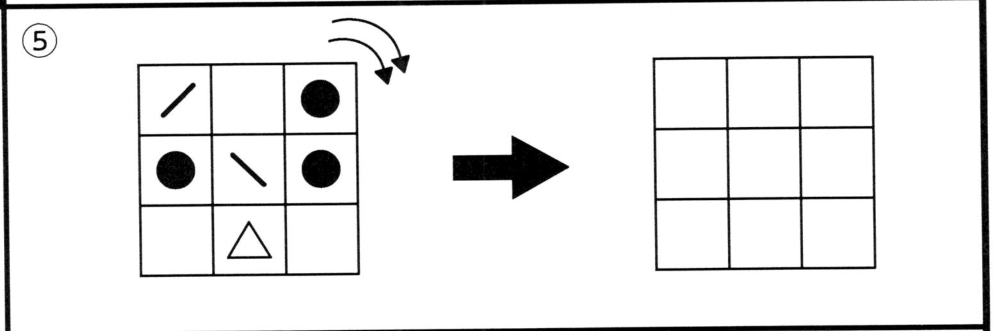

⑥

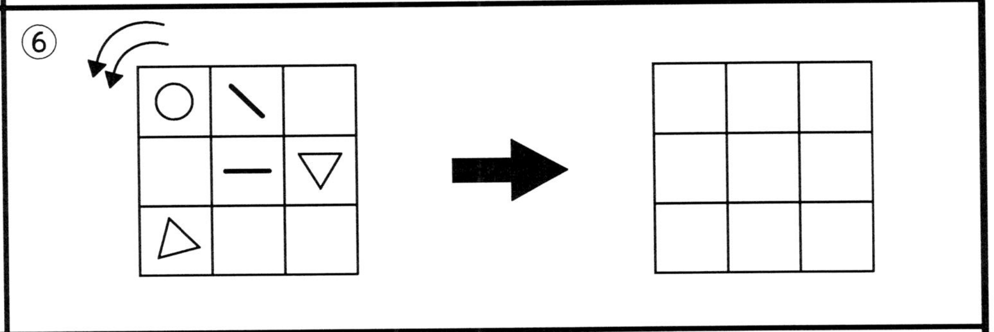

⑦

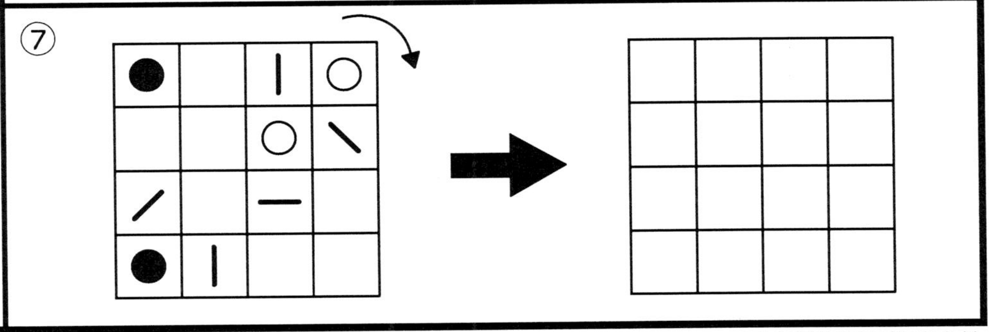

2024年度 筑波大学附属 過去 無断複製／転載を禁ずる 日本学習図書株式会社

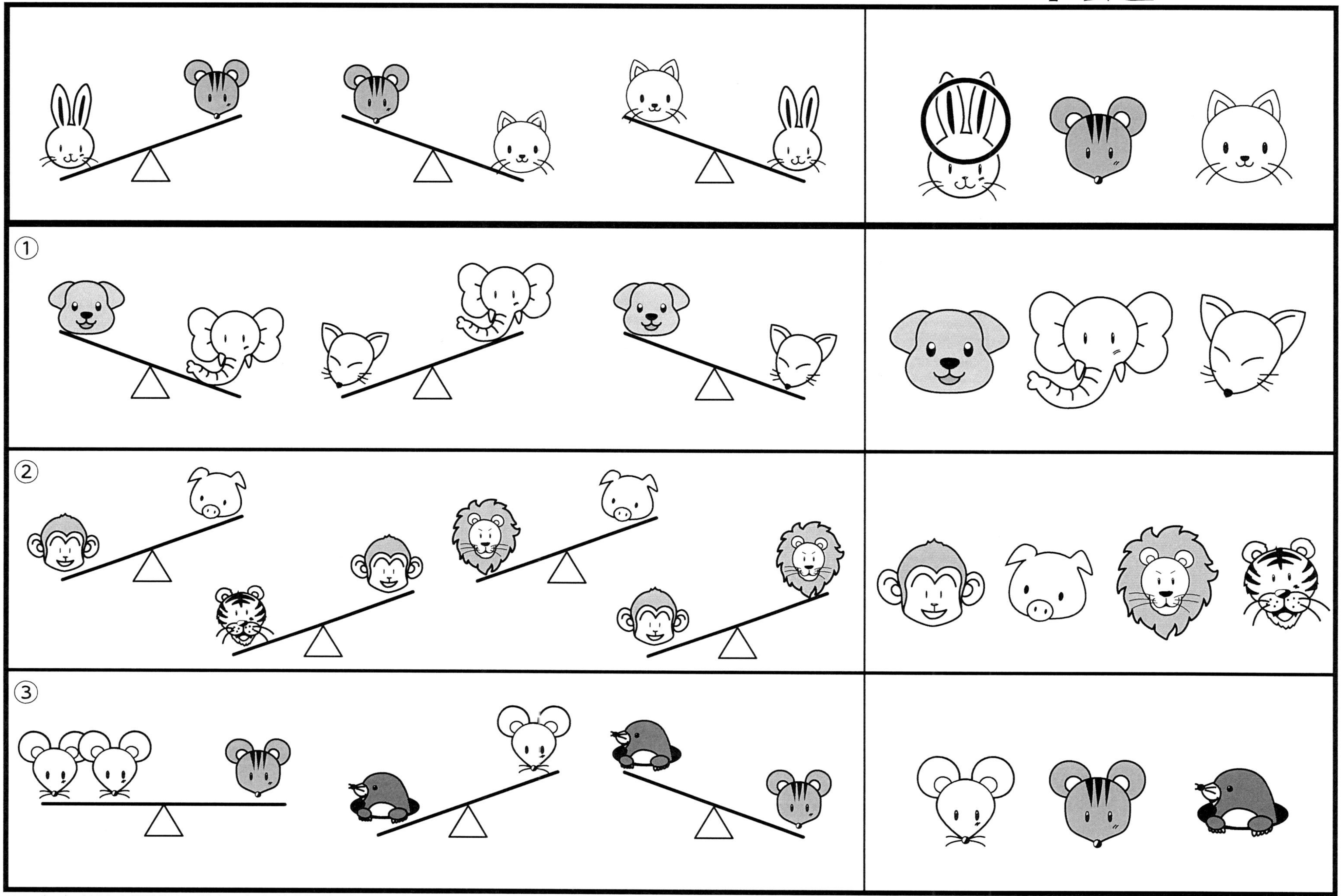

問題13−2

④

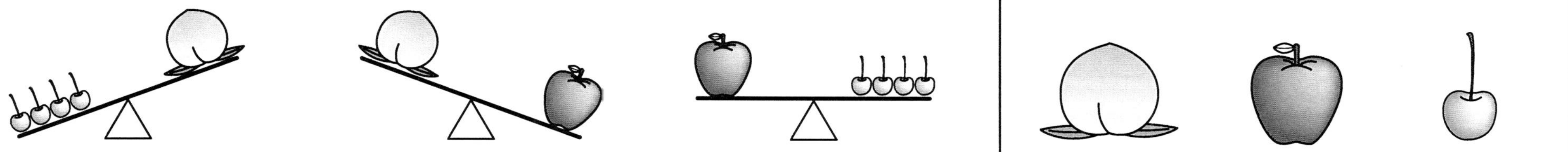

⑤

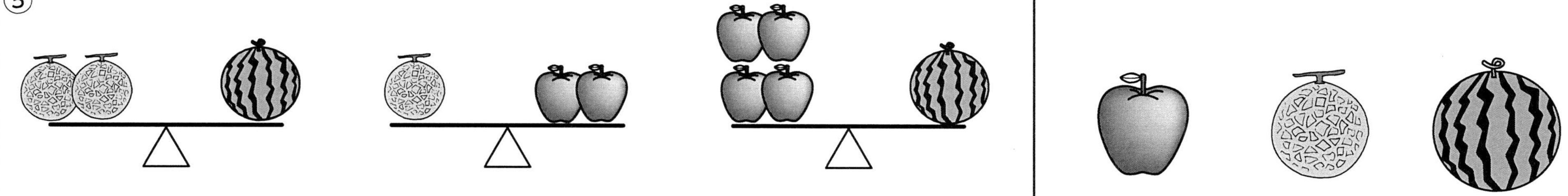

⑥

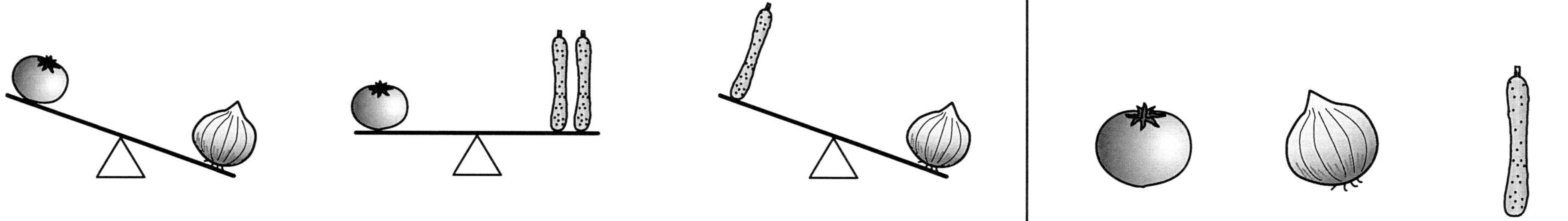

⑦

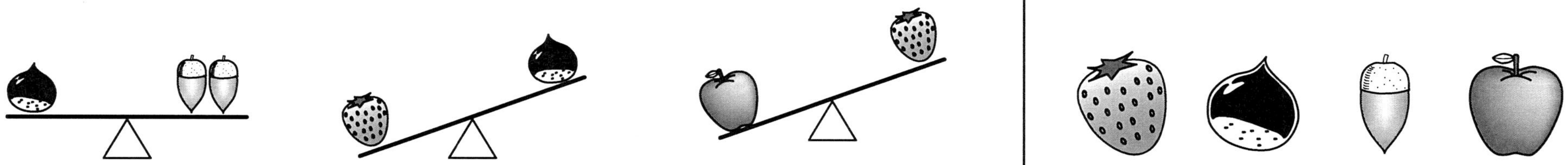

問題１４

日本学習図書株式会社

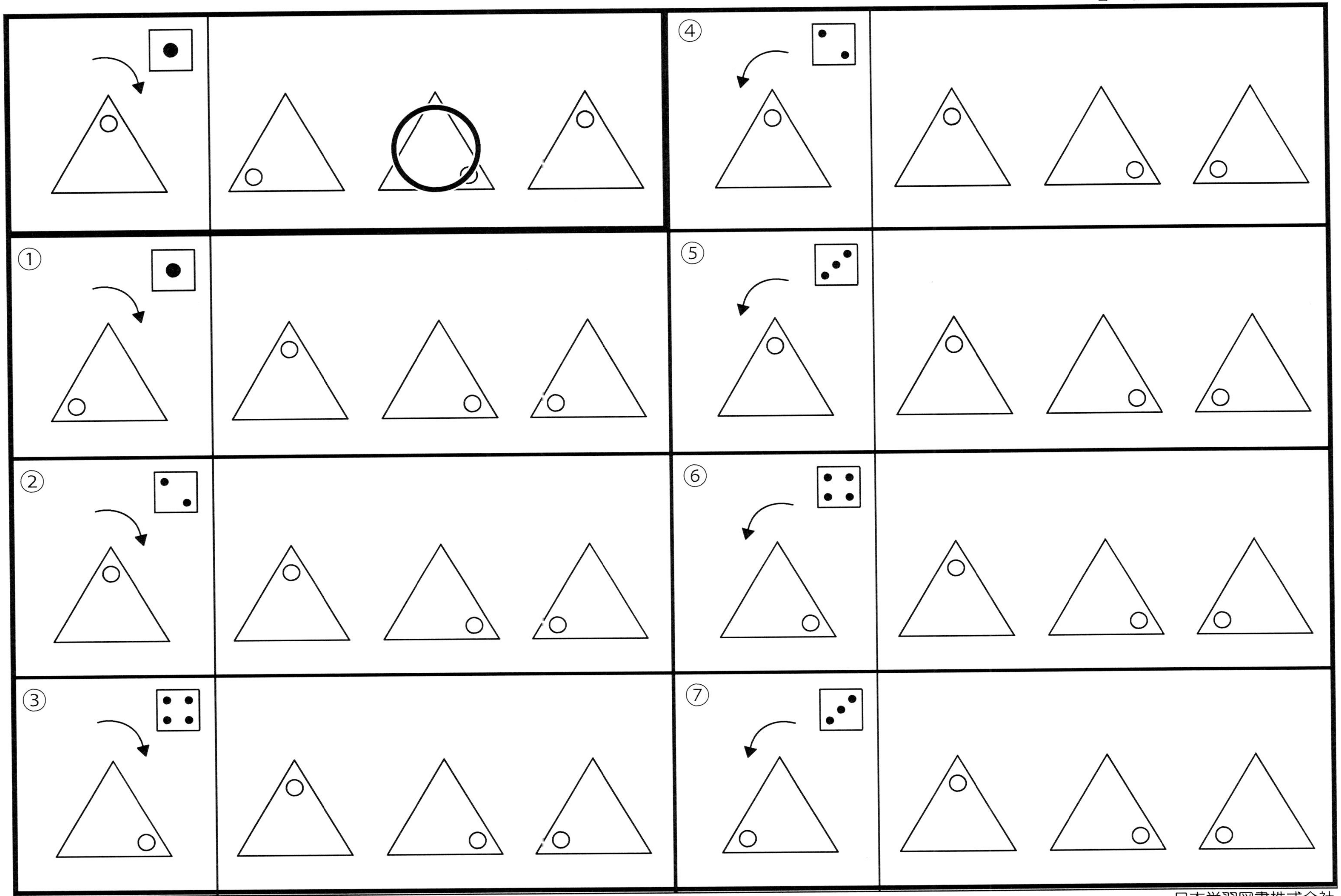

問題16−1

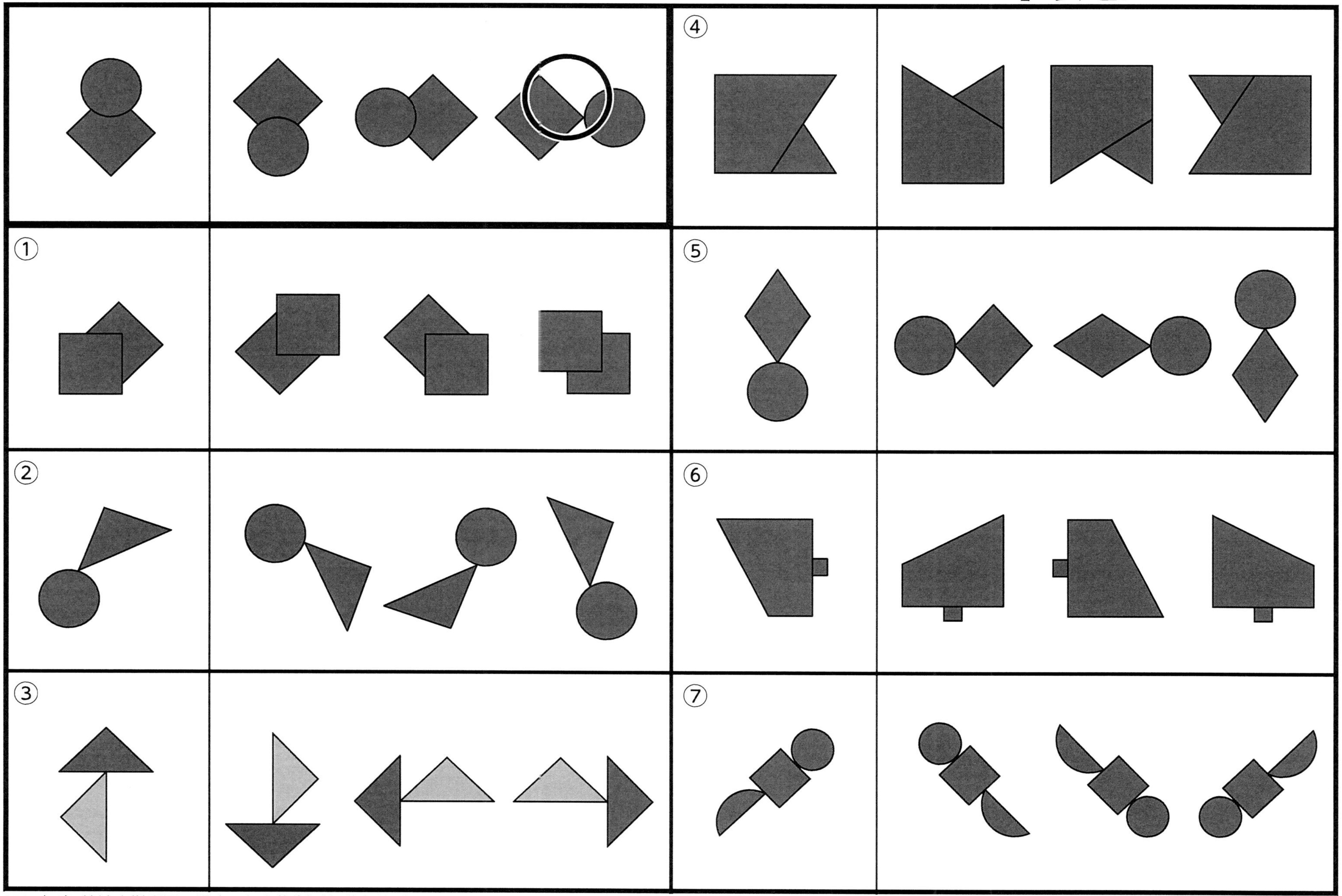

問題１６－２

⑧

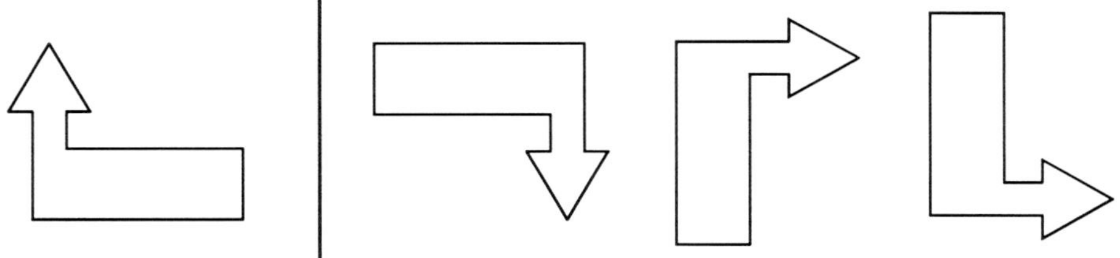

⑨

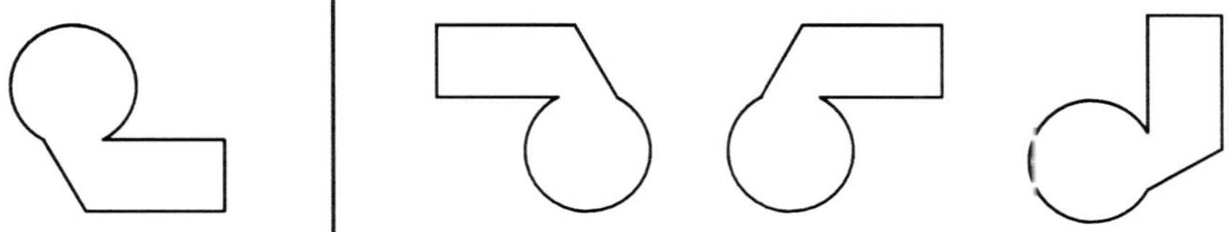

⑩

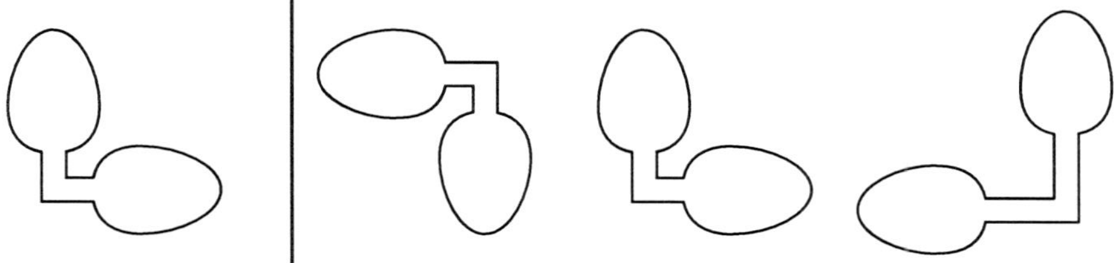

⑪

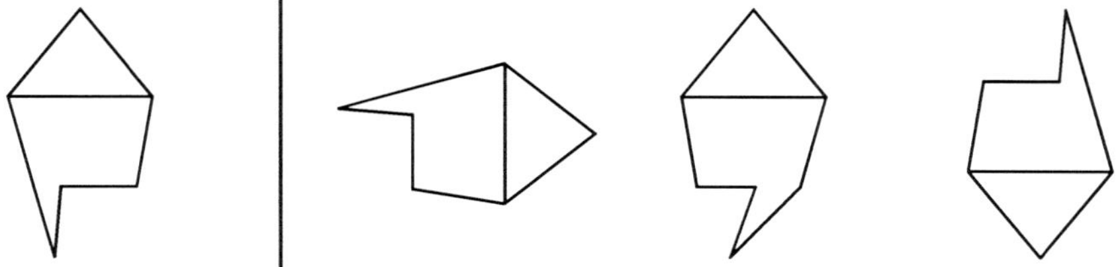

⑫

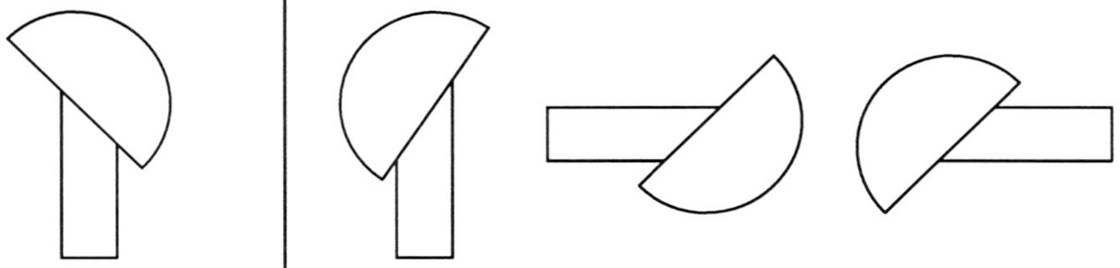

⑬

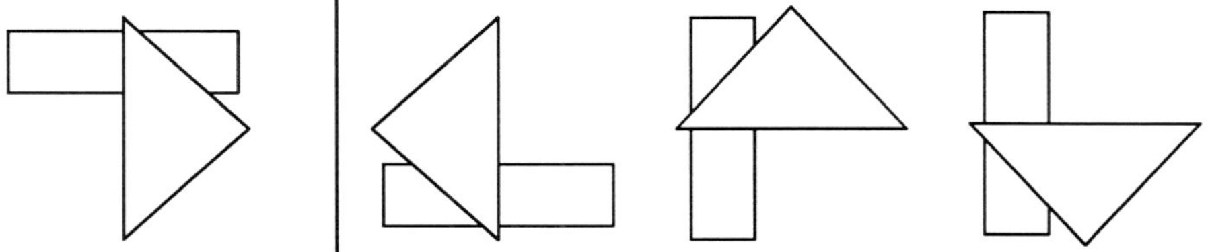

⑭

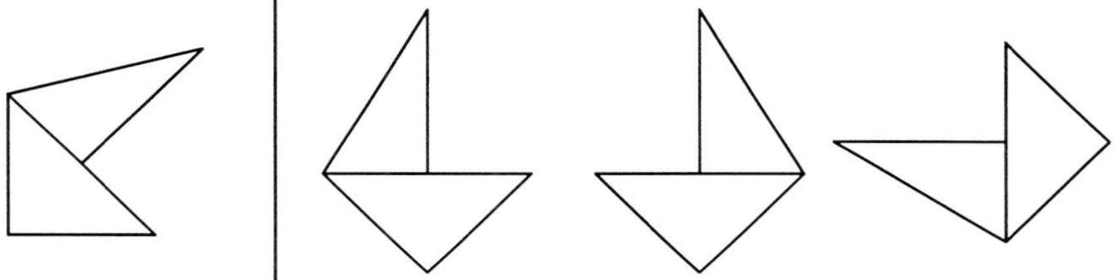

⑮

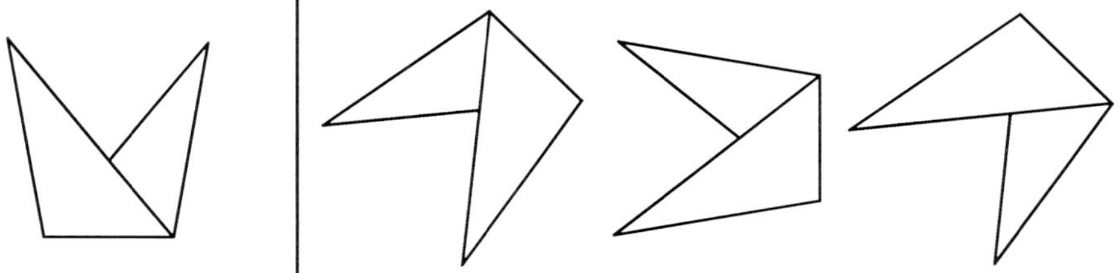

問題１７

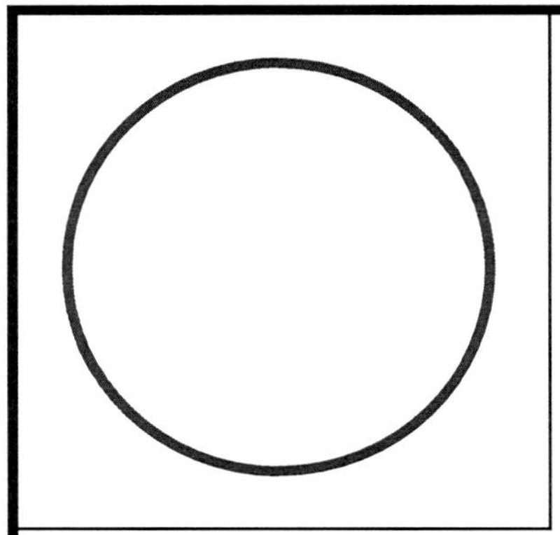

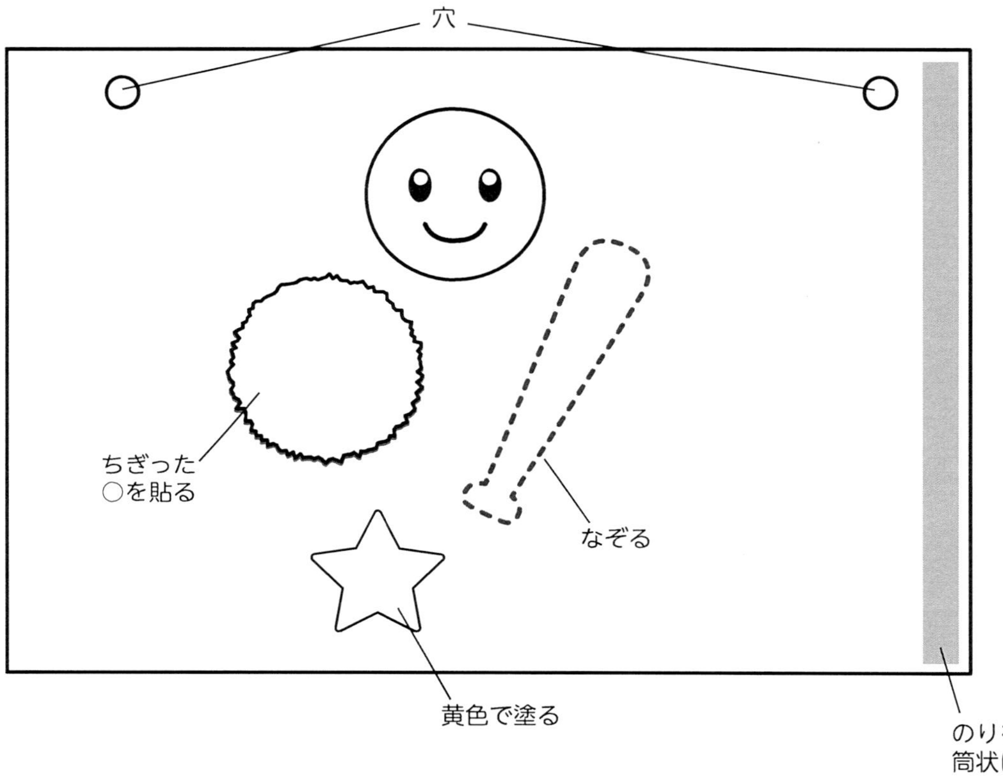

穴
ちぎった
○を貼る
なぞる
黄色で塗る
のりをつけて
筒状にする

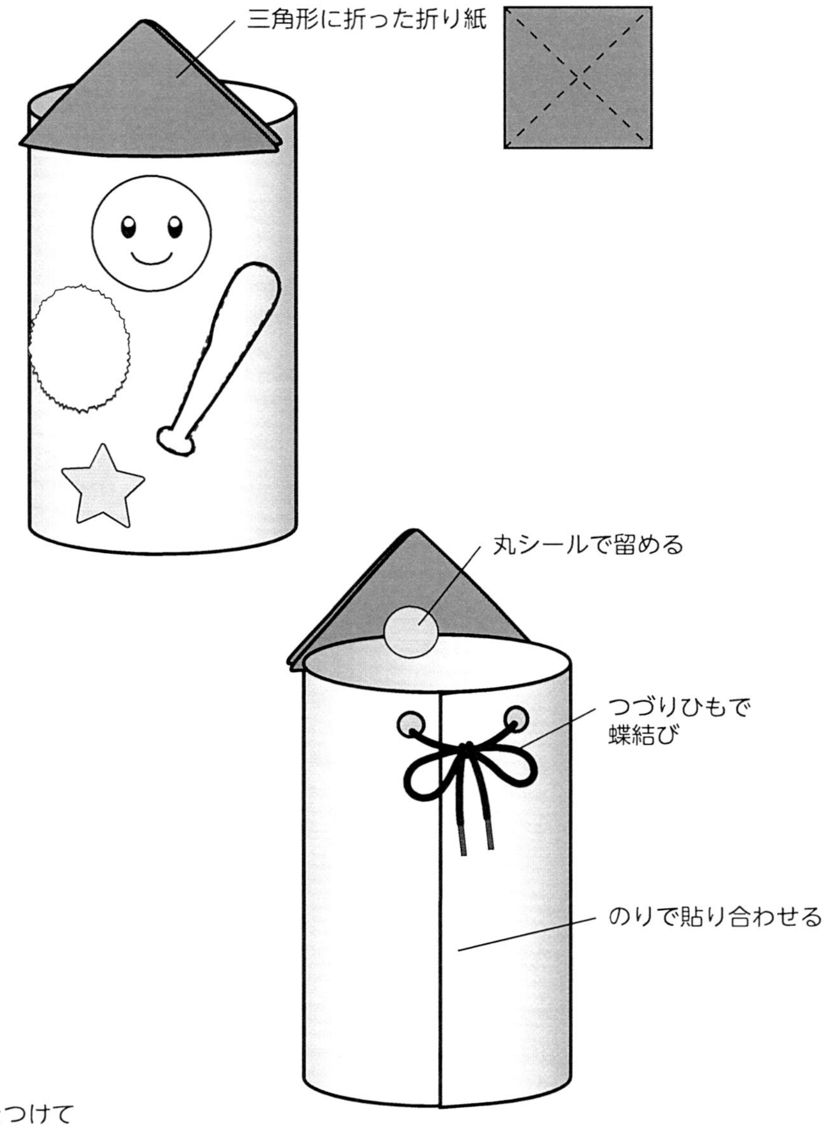

三角形に折った折り紙
丸シールで留める
つづりひもで
蝶結び
のりで貼り合わせる

問題１８

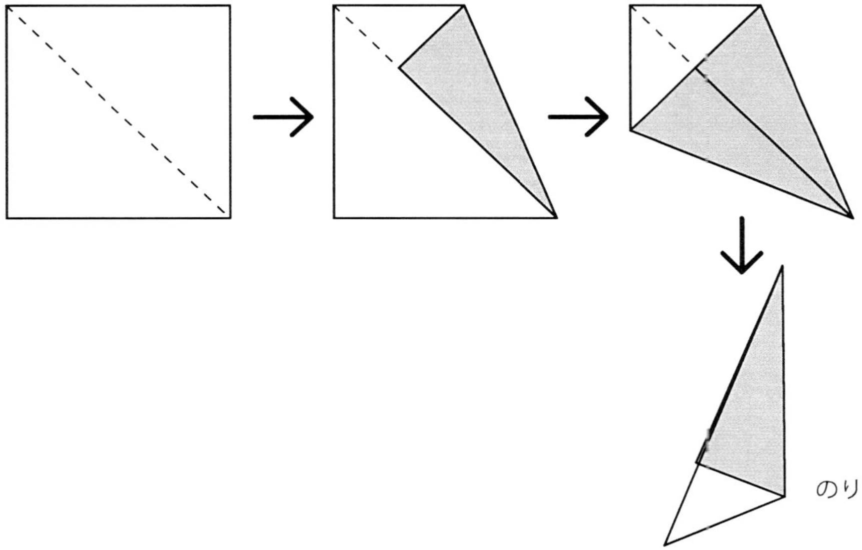

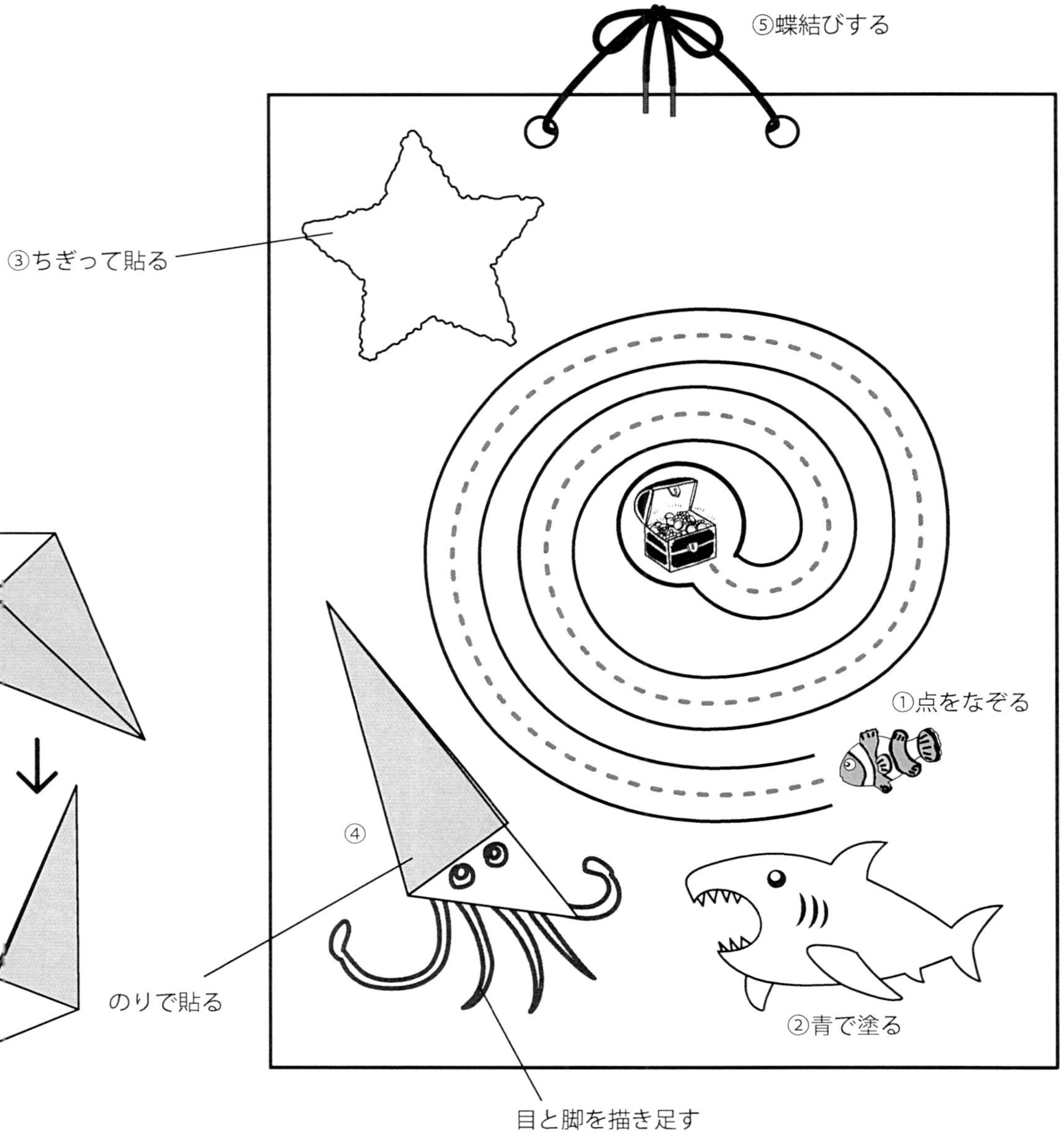

問題１９

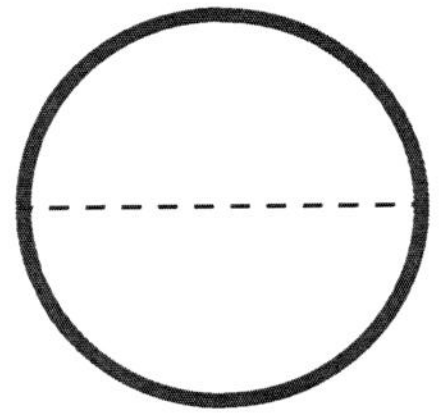

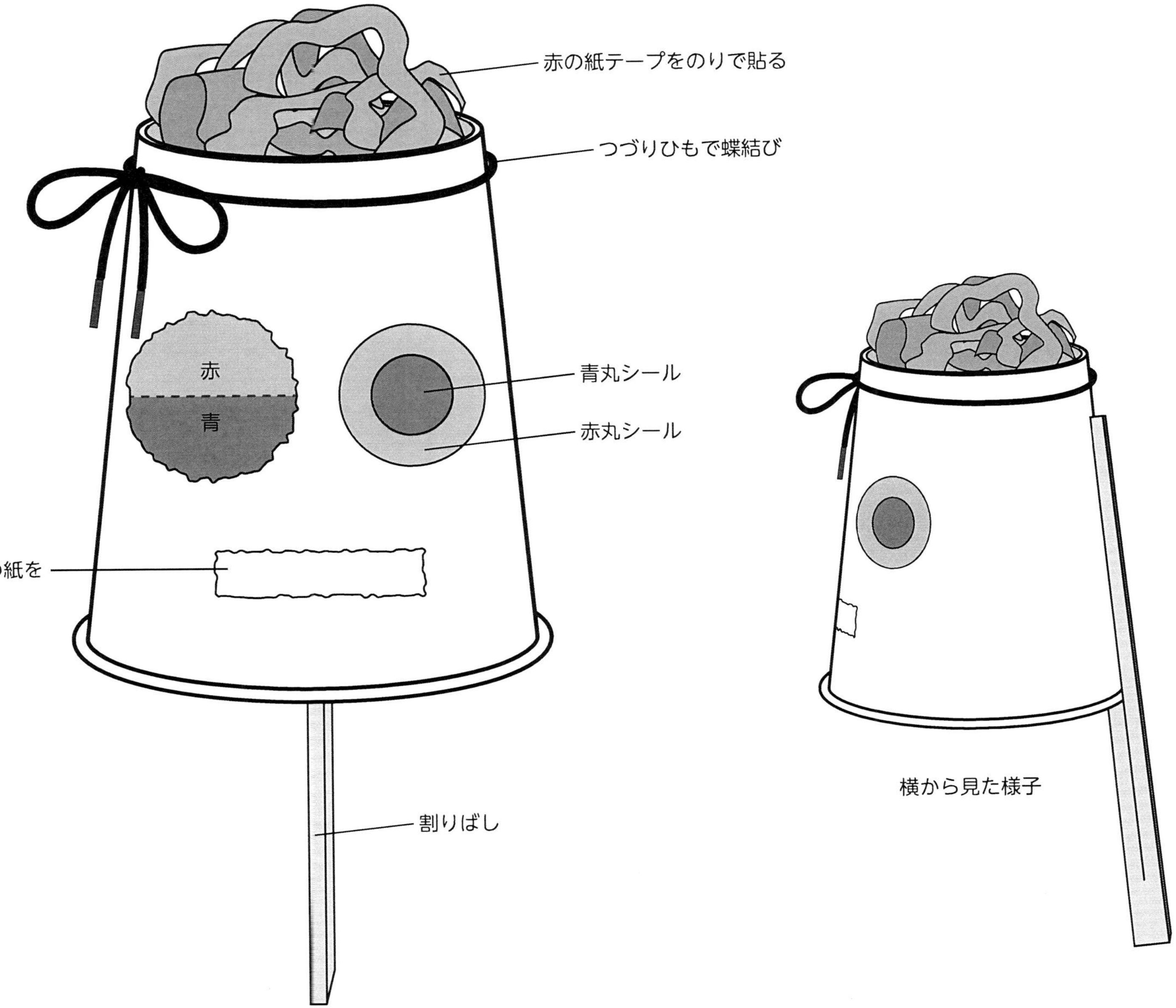
赤の紙テープをのりで貼る
つづりひもで蝶結び
赤
青
青丸シール
赤丸シール
丸くちぎった残りの紙を
四角に折って貼る
割りばし
横から見た様子

問題２０

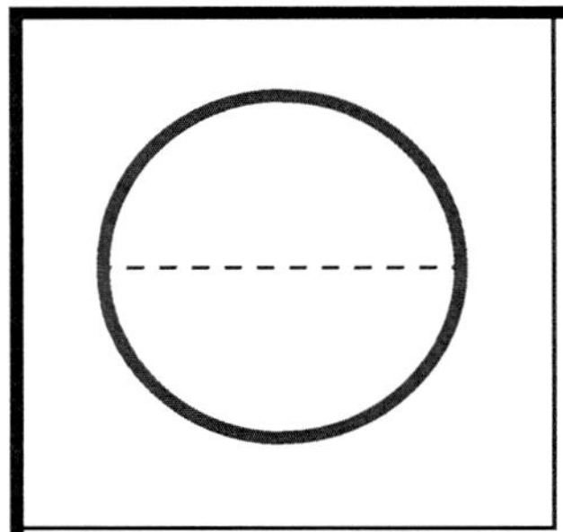

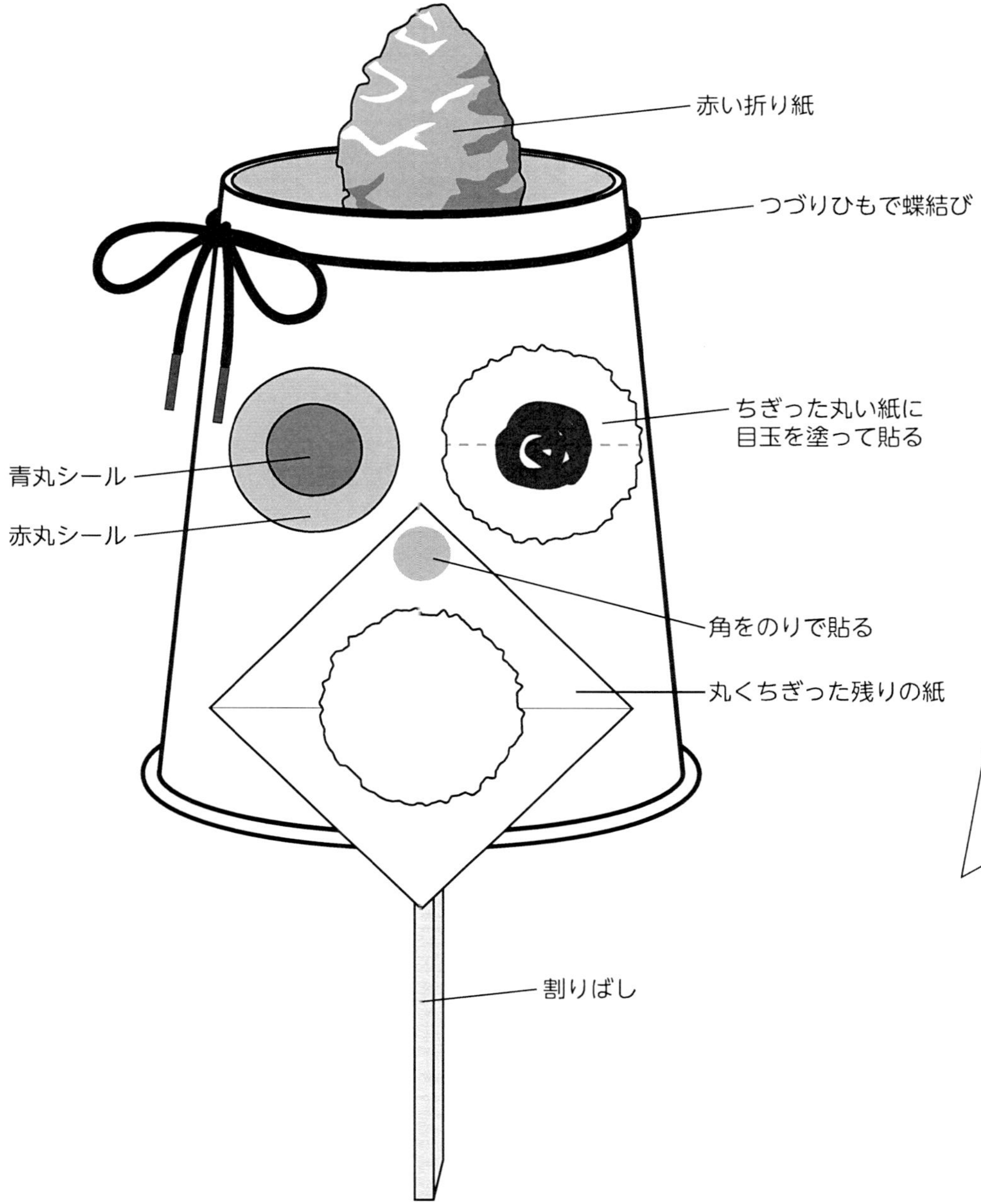

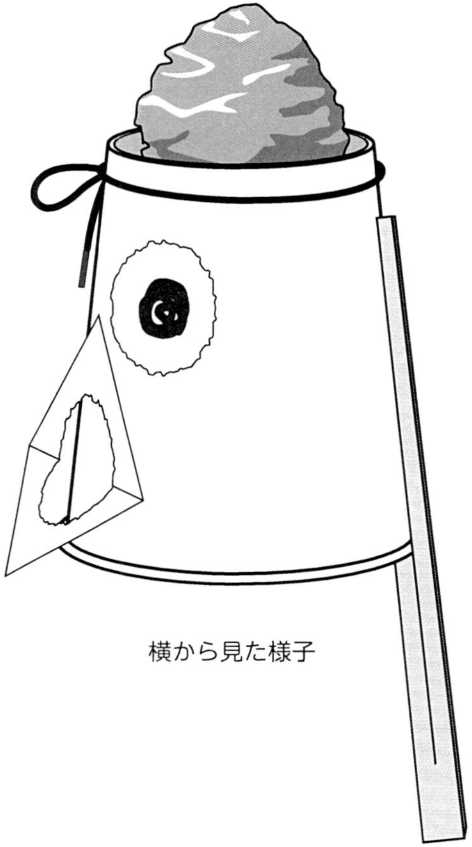

横から見た様子

問題２１

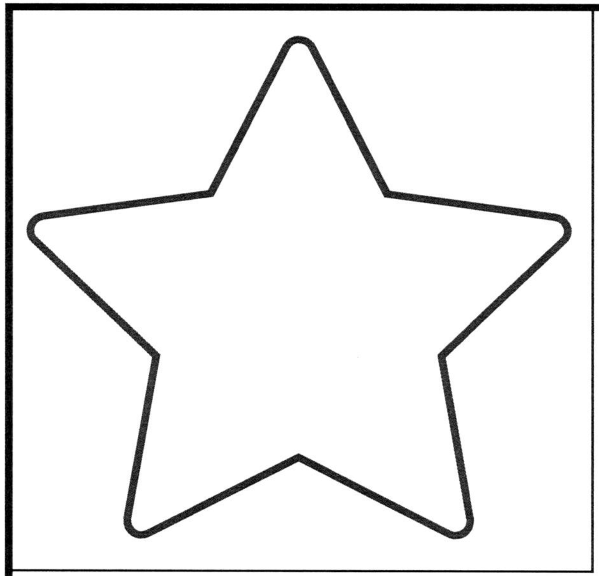

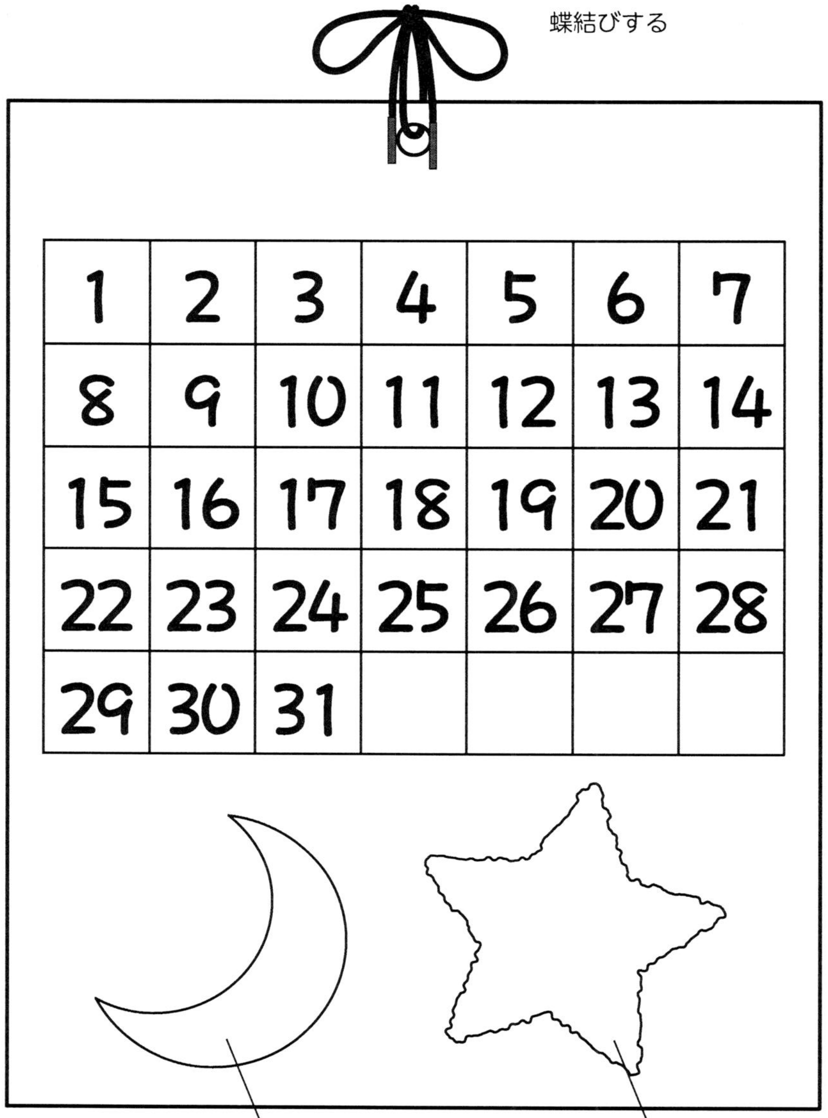

1	2	3	4	5	6	7
8	9	10	11	12	13	14
15	16	17	18	19	20	21
22	23	24	25	26	27	28
29	30	31				

問題２２

蝶結びする

顔を描く

のりで貼る

橙色で塗る　ちぎって貼る

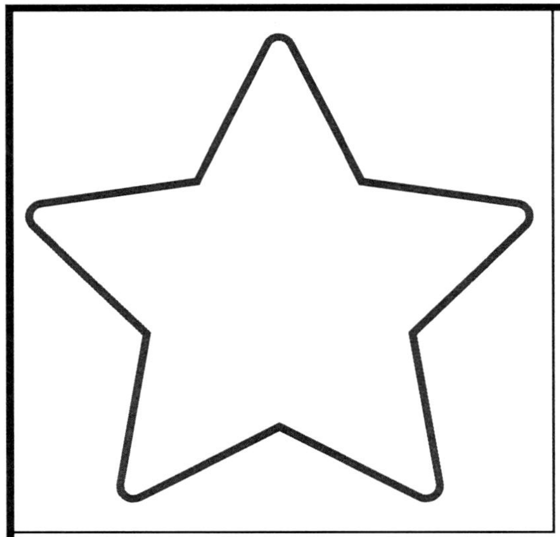

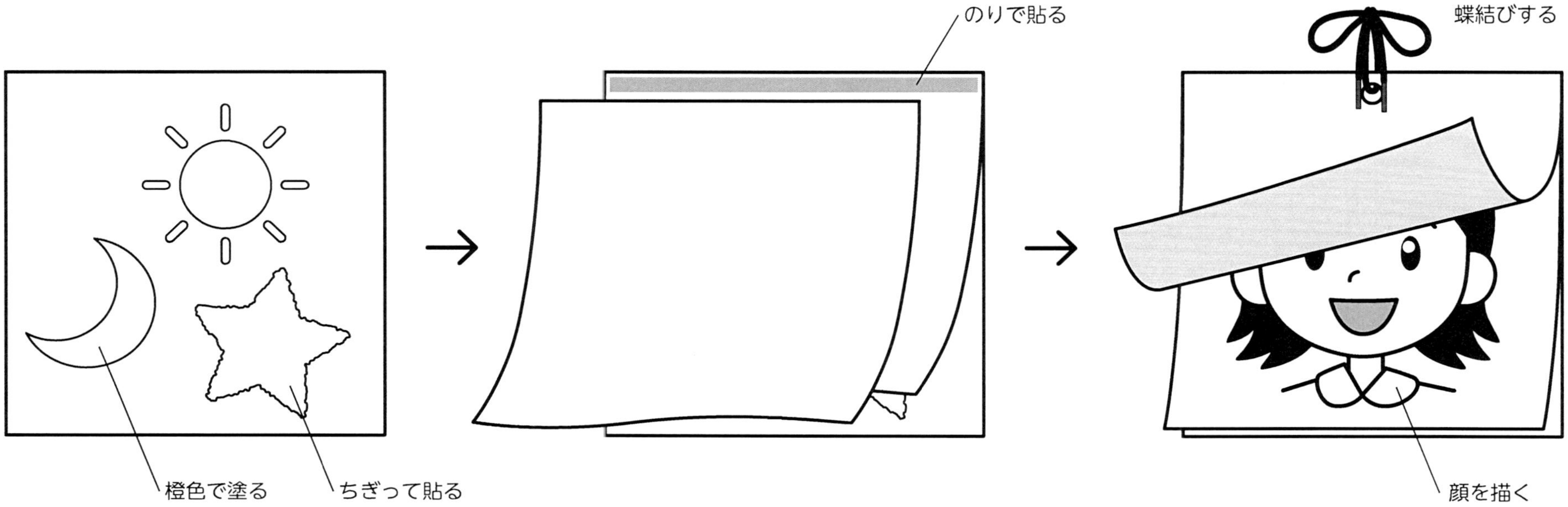

問題２３

くしゃくしゃにする
マスキングテープで留める
蝶結びする
三角に折って貼る
水色の紙テープを貼る
緑色に塗って貼る

問題３１

①

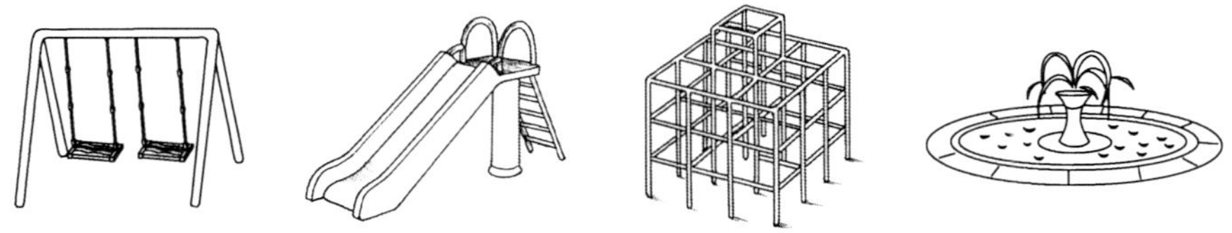

②

③

④

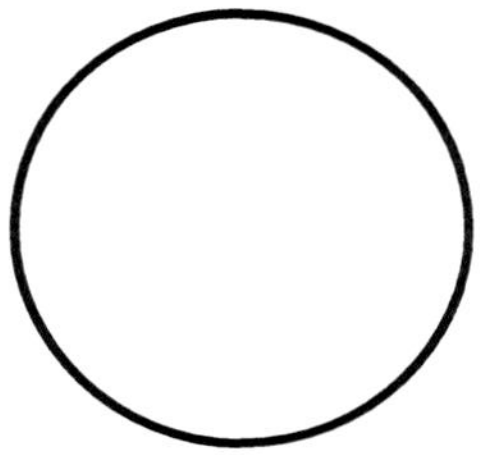

⑤

⑥

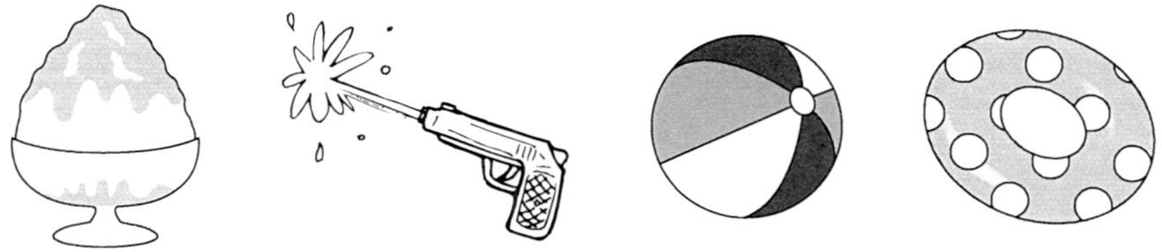

⑦

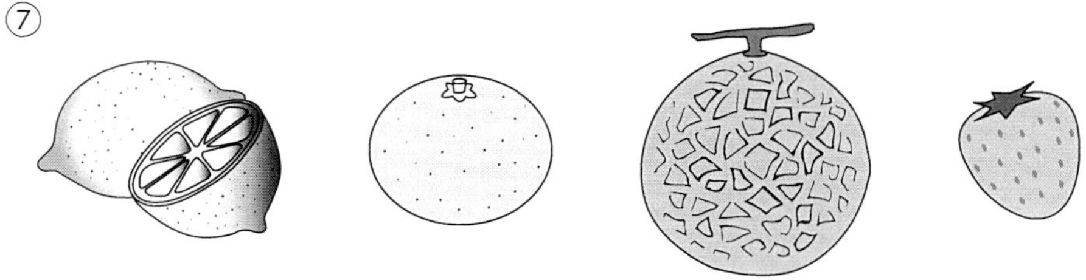

⑧

⑨

⑩

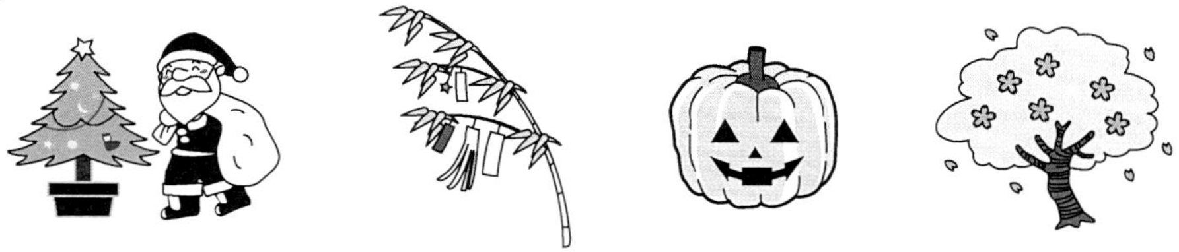

問題３２

①

②

③

④

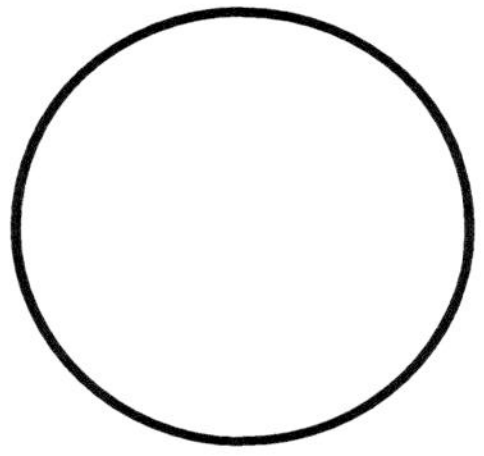

⑤

⑥

⑦

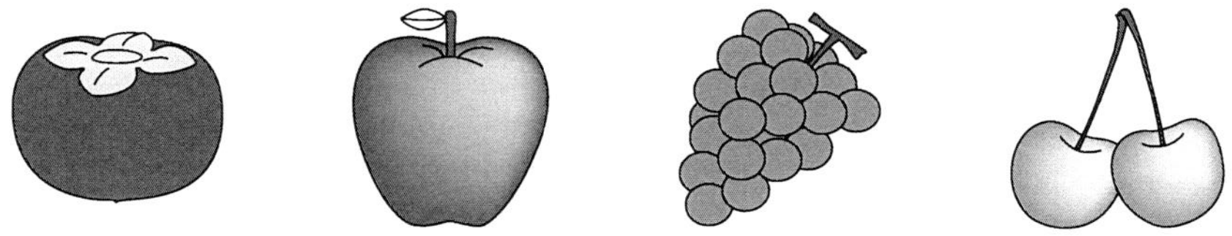

⑧

⑨

⑩

問題３３

①

②

③

④
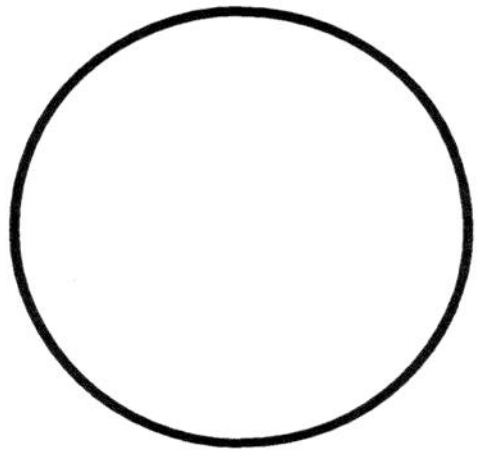

⑤
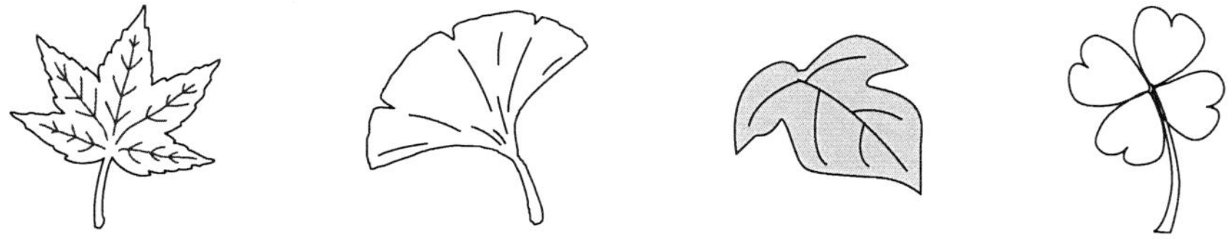

⑥
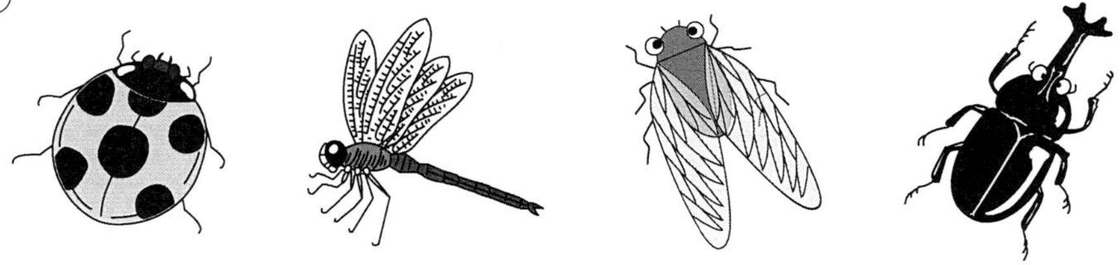

⑦

⑧

⑨
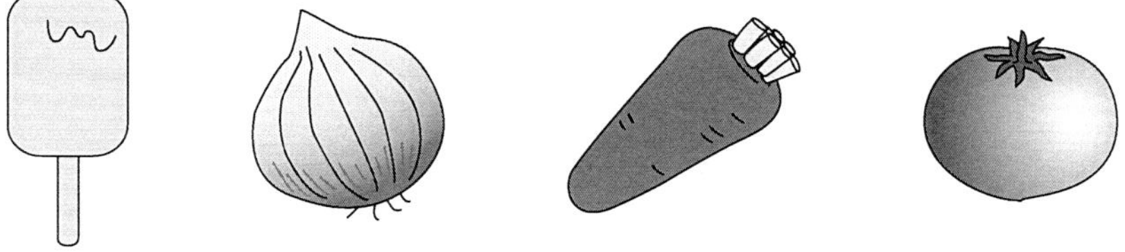

⑩

問題３４

①

②

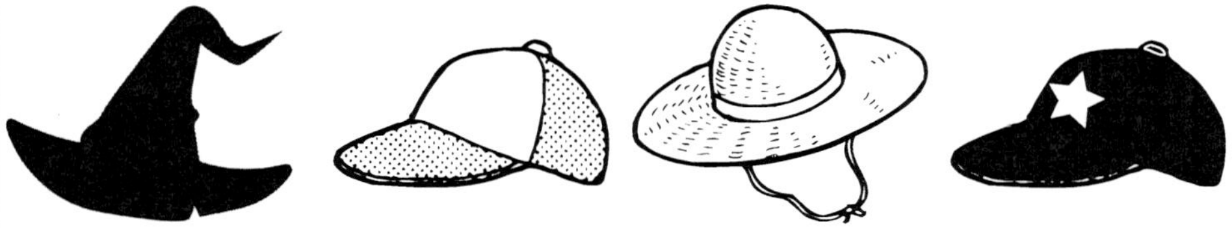

③

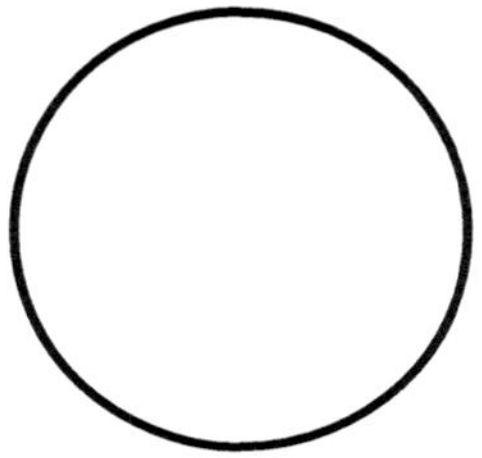

④

⑤

⑥

⑦

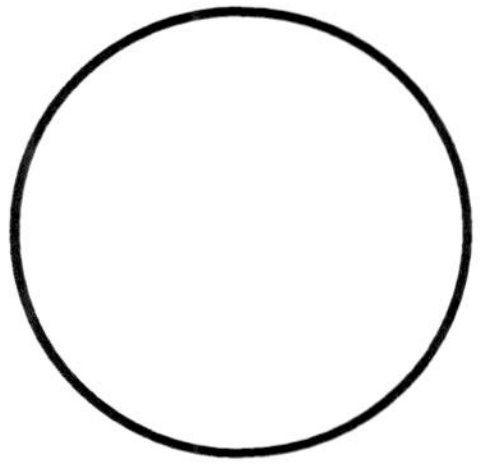

⑧

⑨

⑩

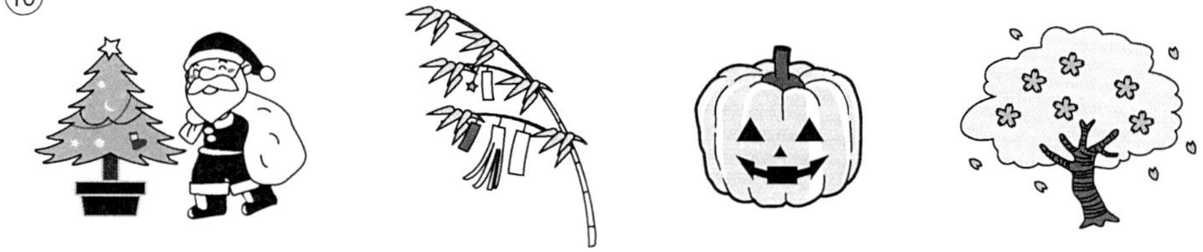

③

④

⑤

⑥

⑦

⑧

⑨

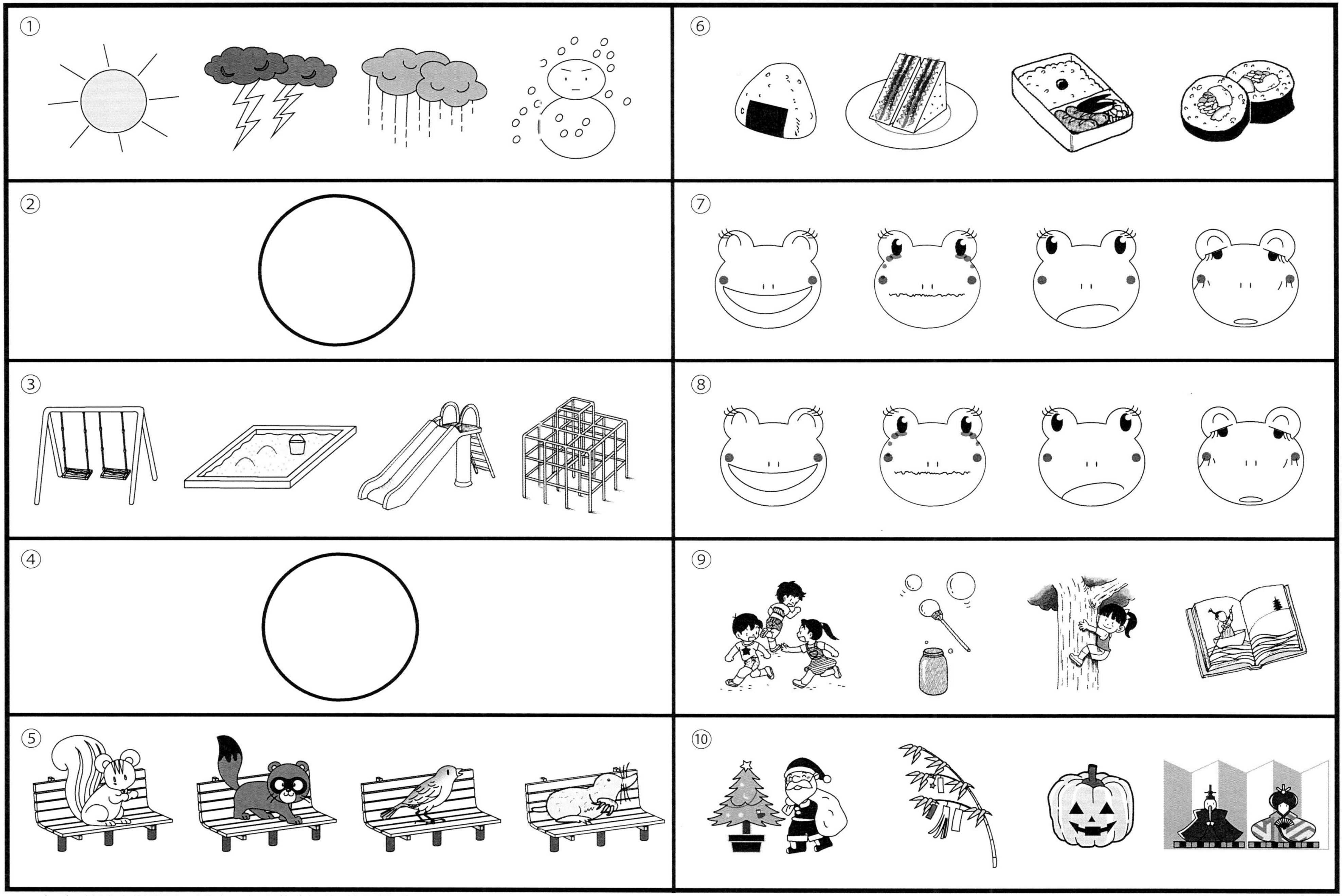

問題３６

①

②

③

④

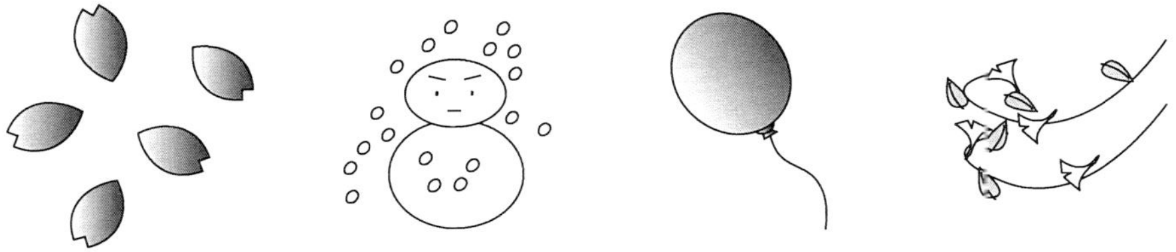

⑤

⑥

⑦

⑧

⑨—1

⑨—2

⑩

2024 年度 筑波大学附属 過去 無断複製／転載を禁ずる 日本学習図書株式会社

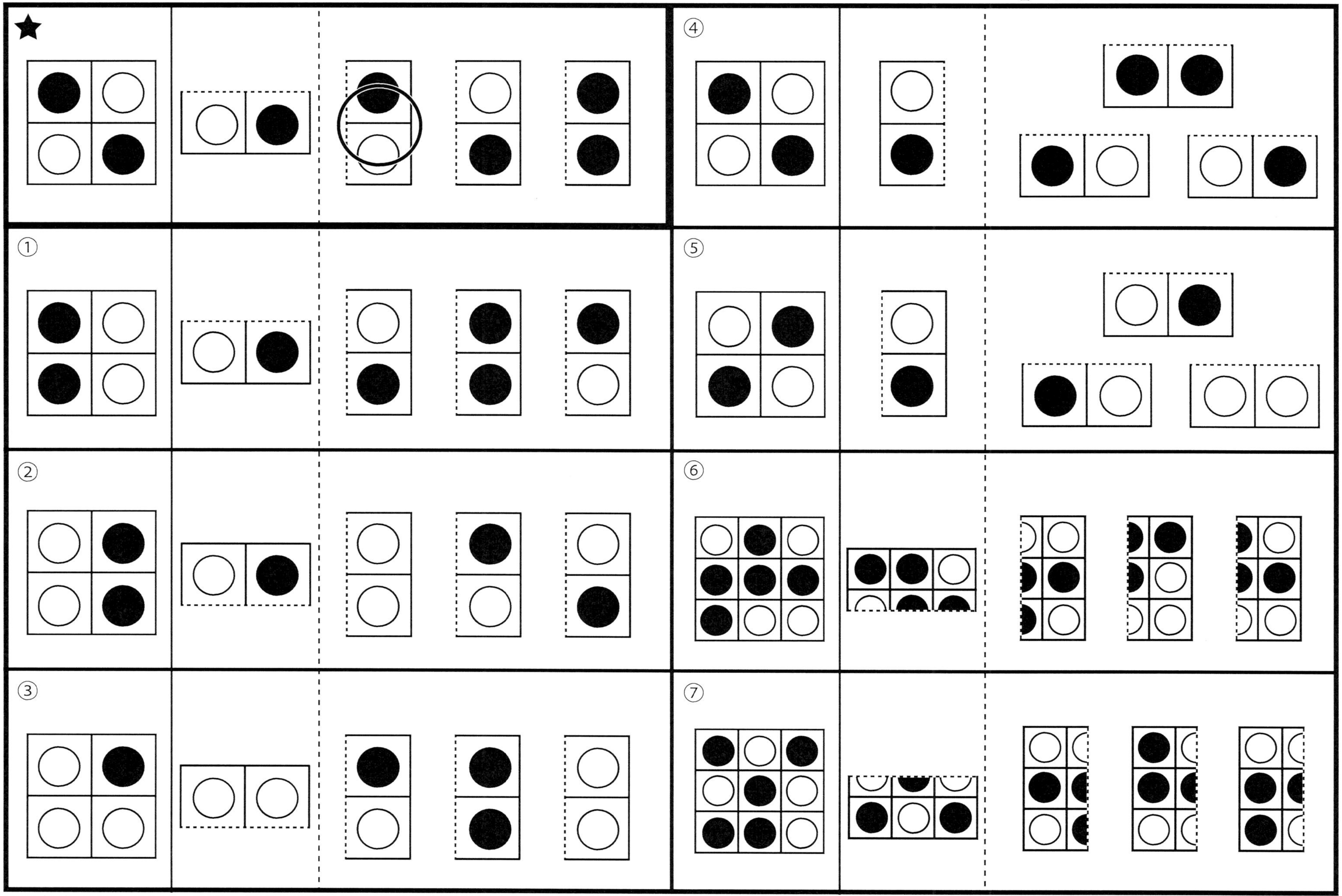

問題37－2

⑧
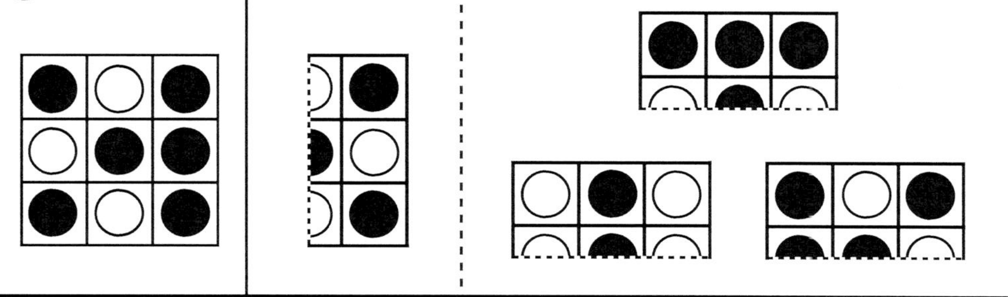

⑨
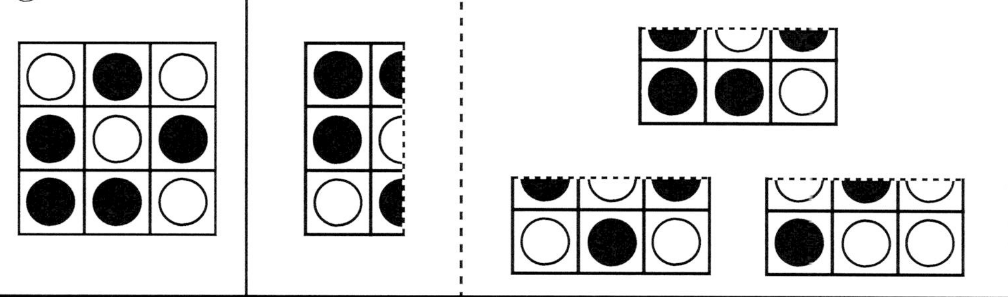

⑩
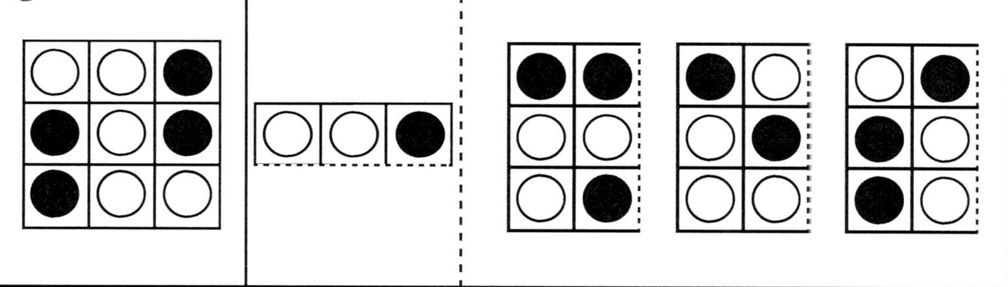

⑪
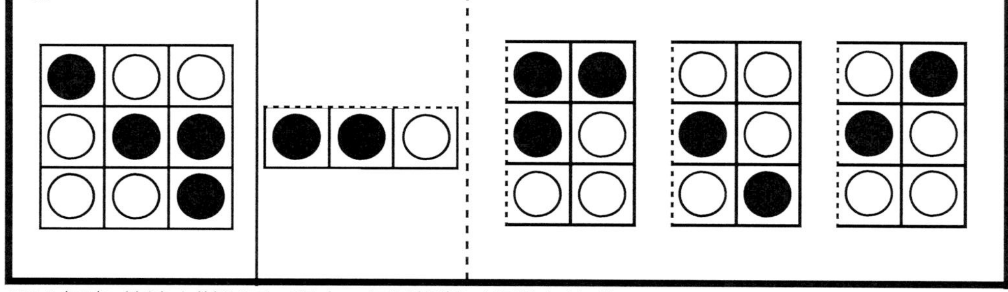

⑫
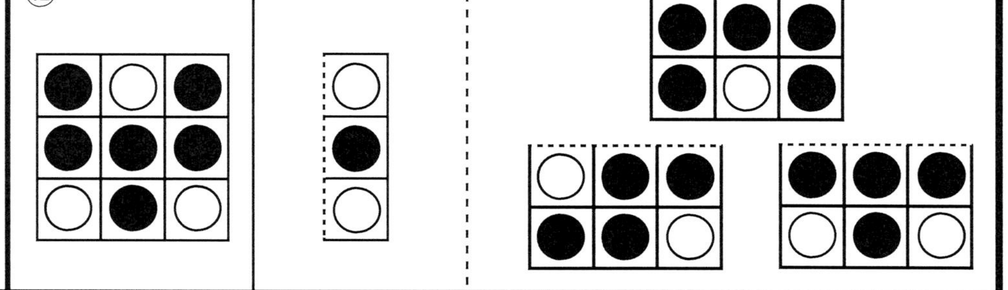

⑬
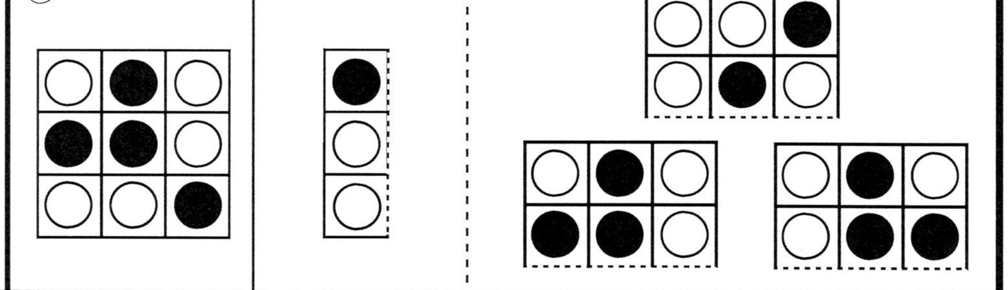

⑭
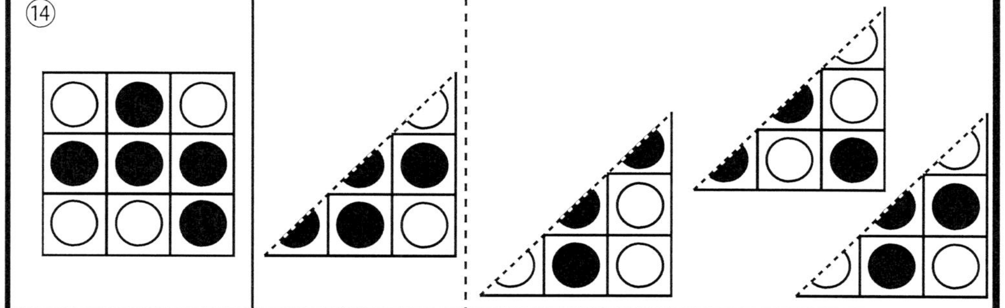

⑮
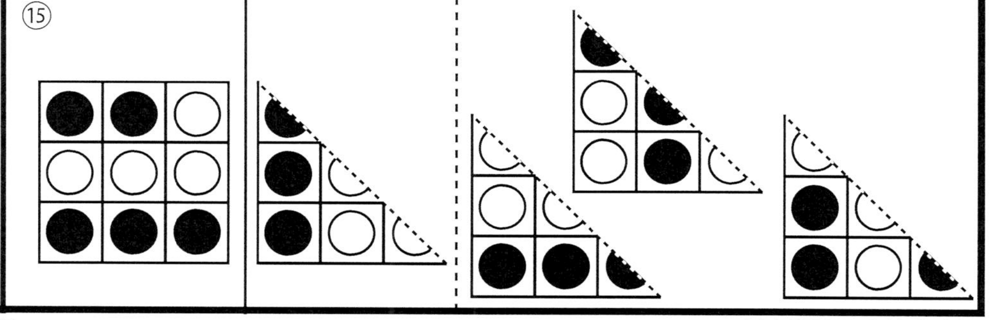

日本学習図書株式会社

2024年度 筑波大学附属 過去 無断複製／転載を禁ずる 日本学習図書株式会社

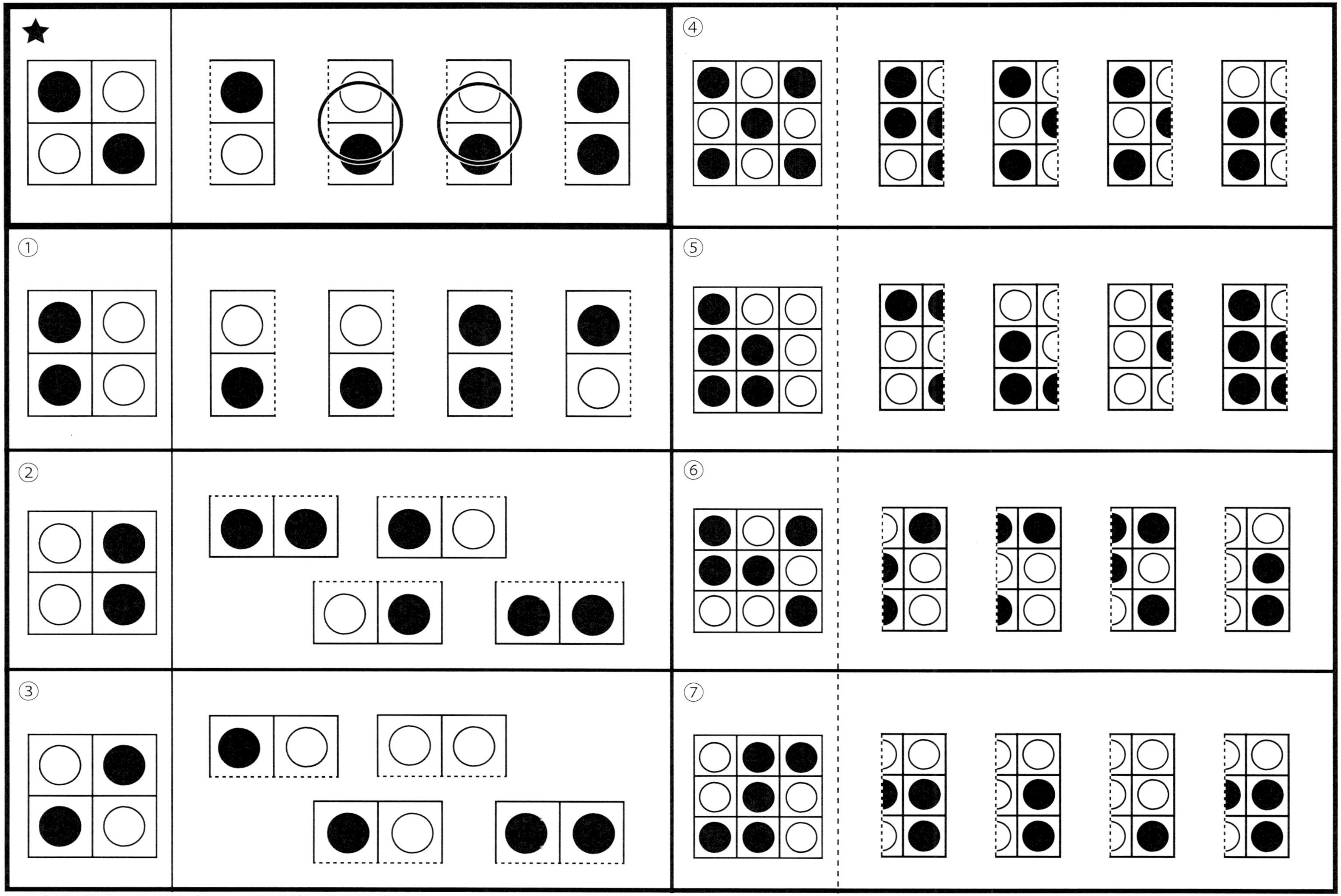

問題38－2

⑧

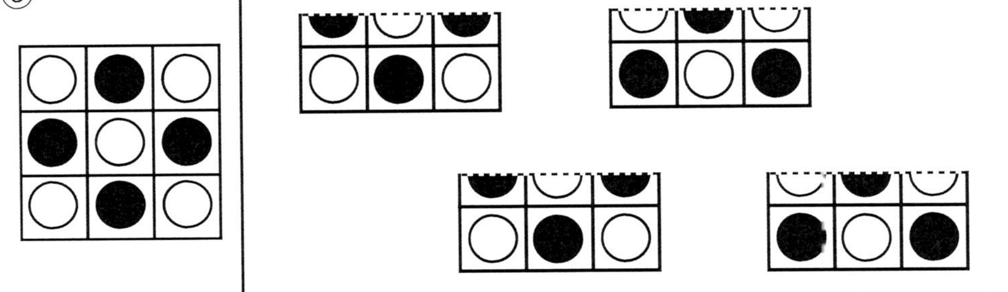

⑨

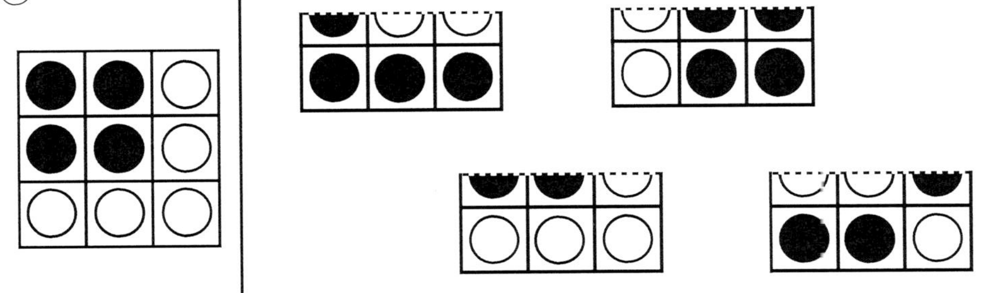

⑩

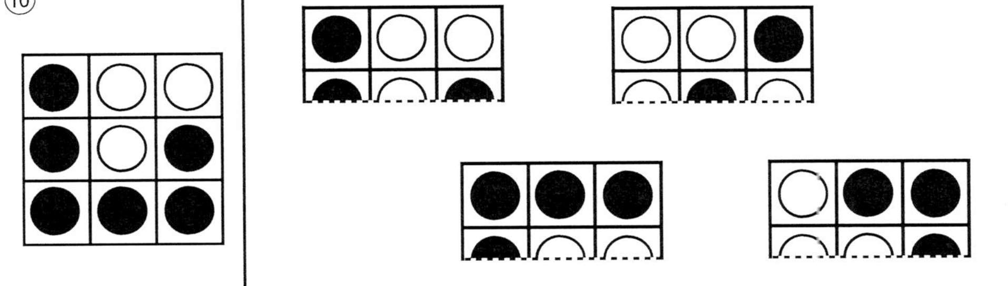

⑪

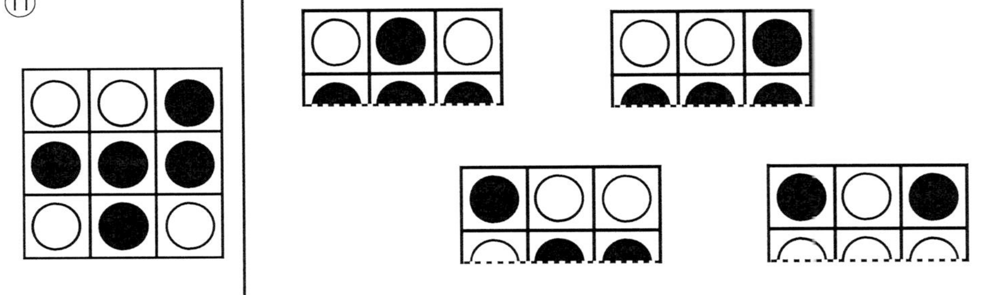

⑫

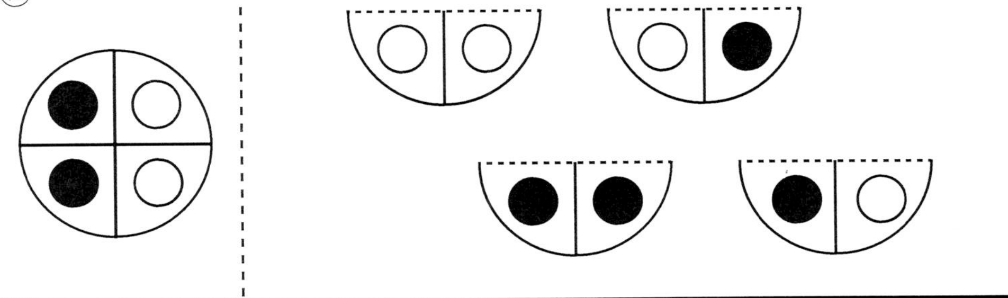

⑬

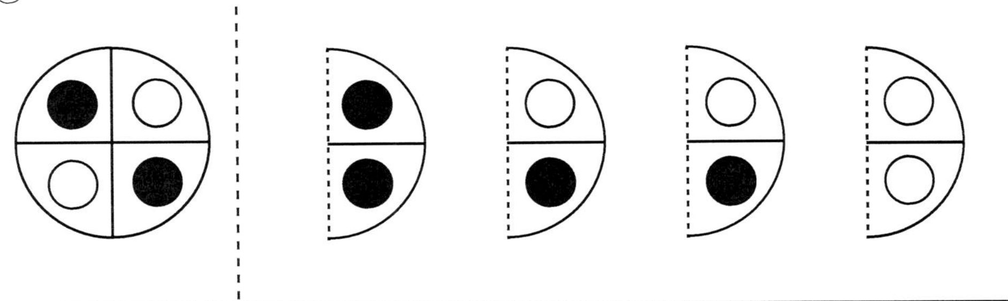

⑭

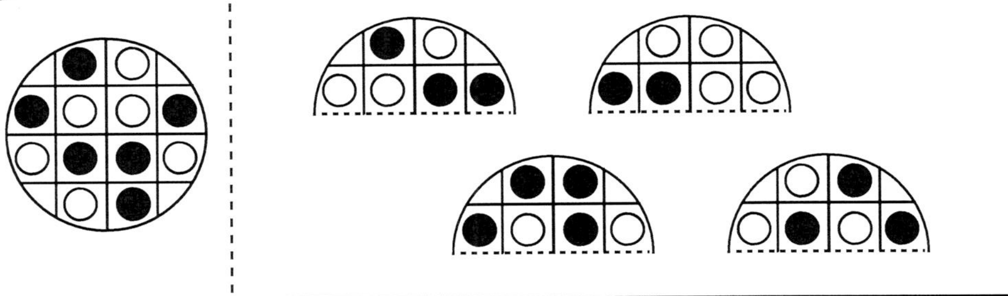

⑮

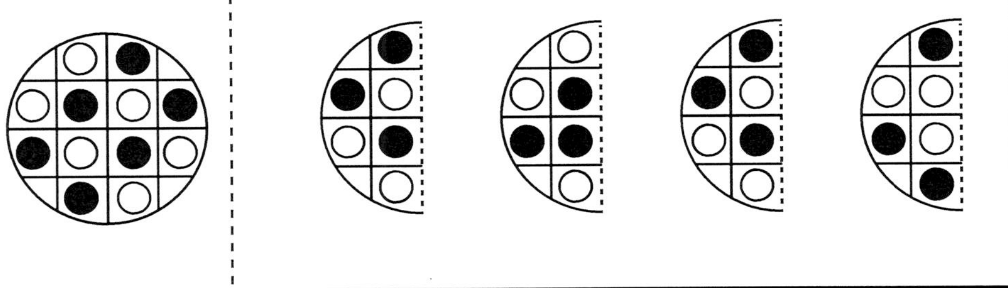

問題３９－１

★

①

②

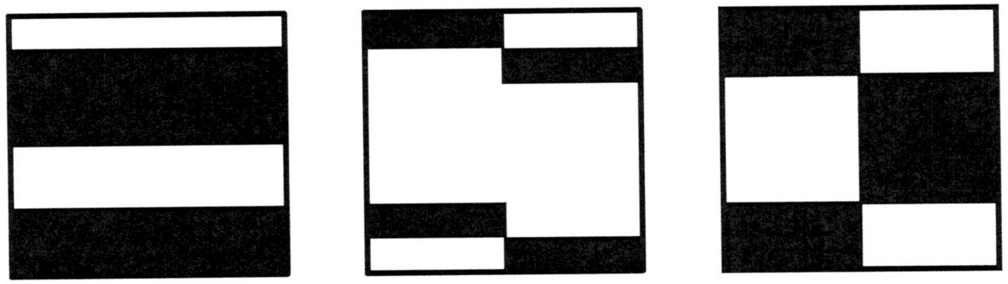

③

④

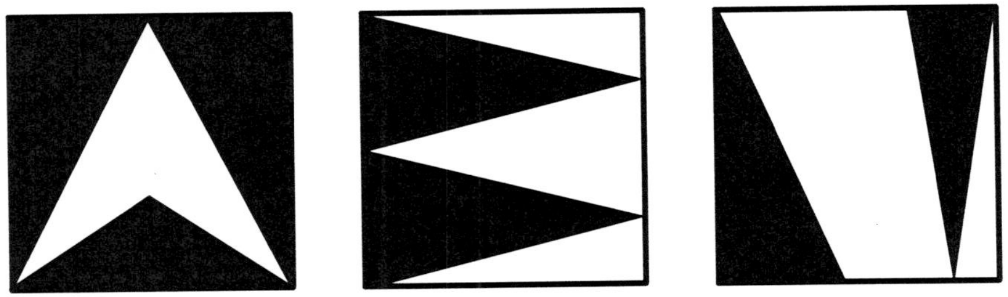

⑤

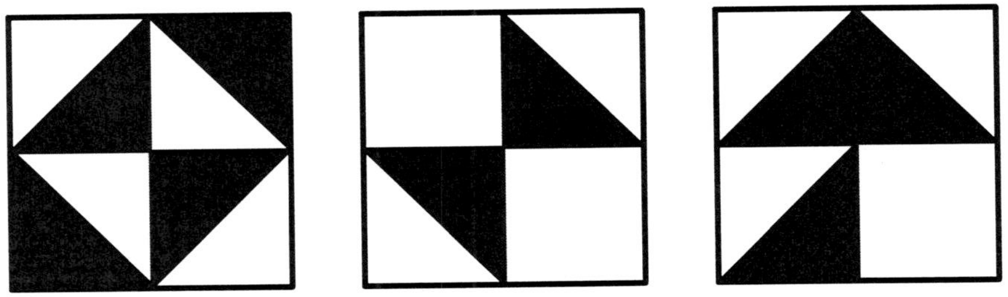

⑥

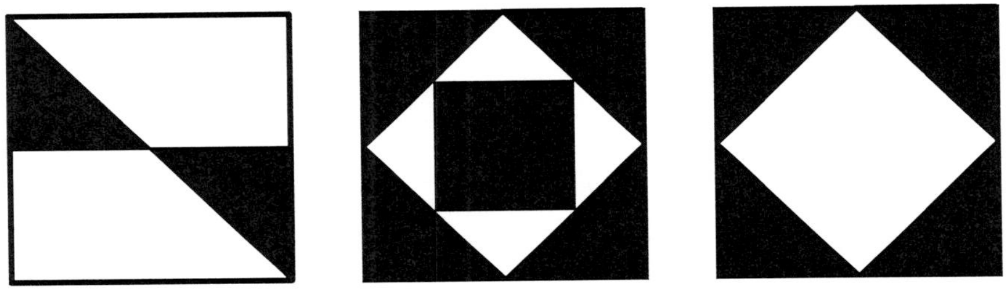

⑦

問題３９－２

⑧

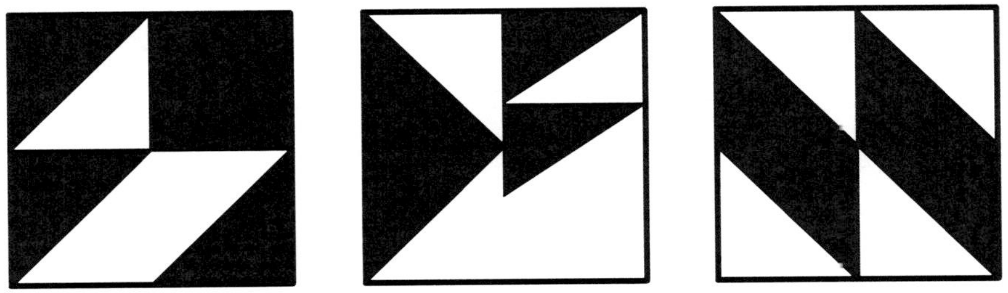

⑨

⑩

⑪

⑫

⑬

⑭

⑮

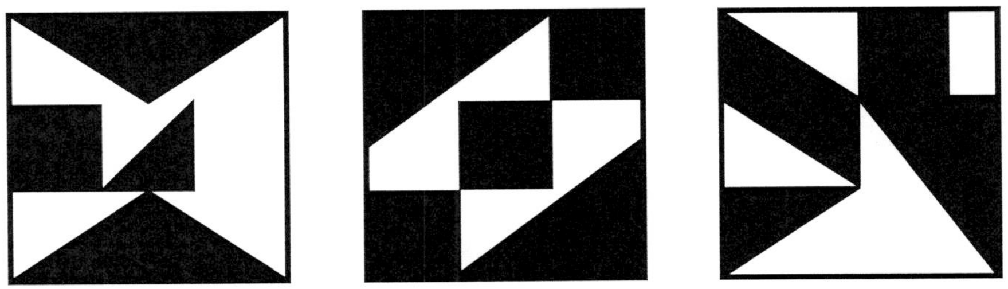

問題40－1

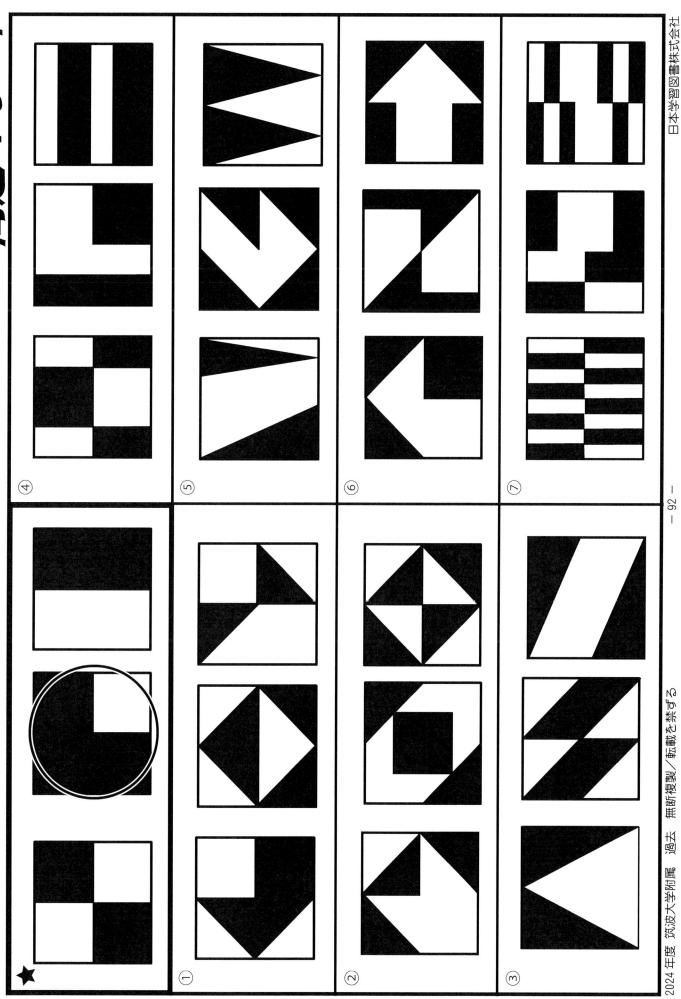

★

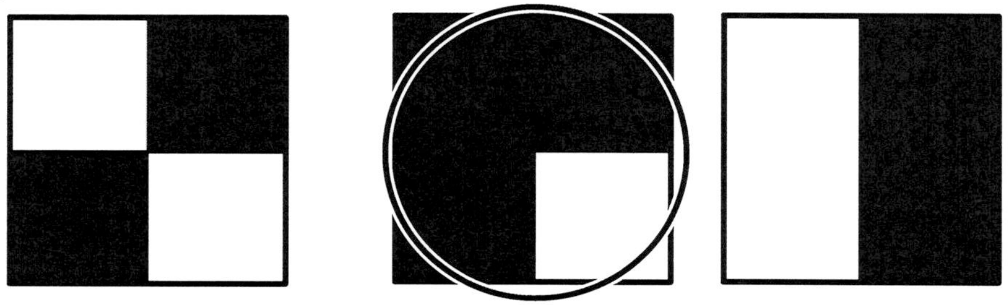

①

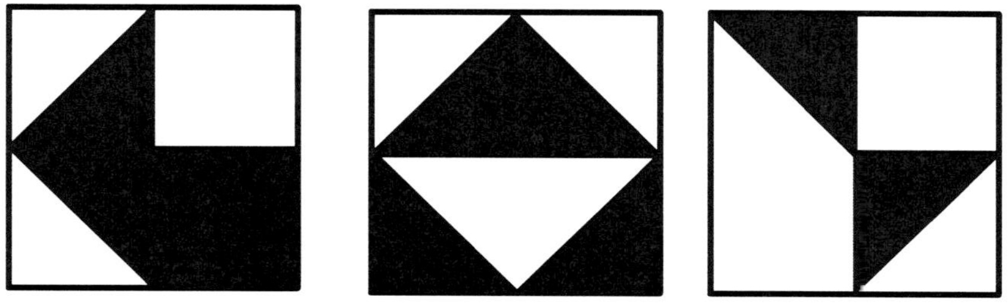

②

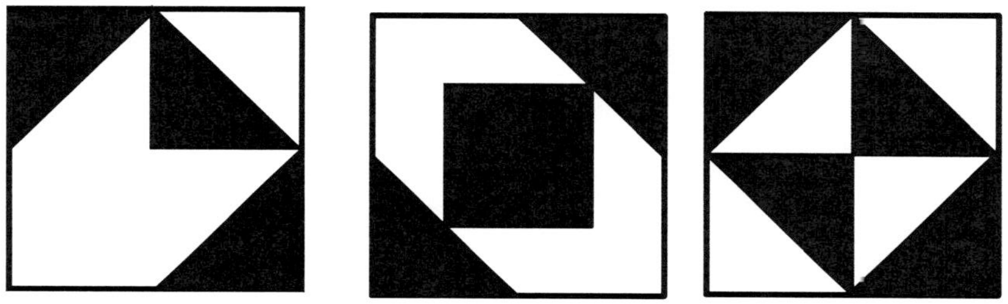

③

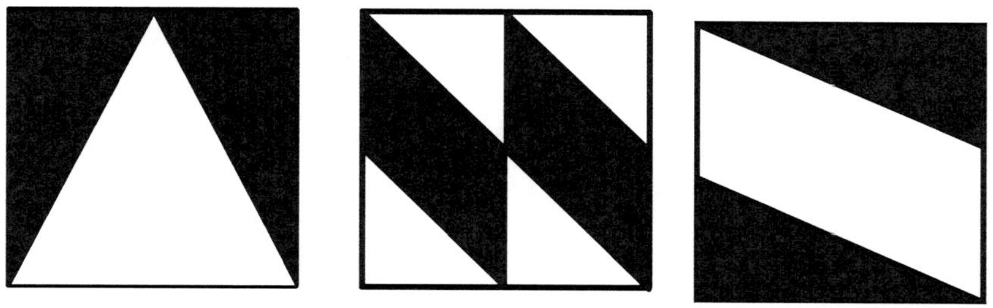

④

⑤

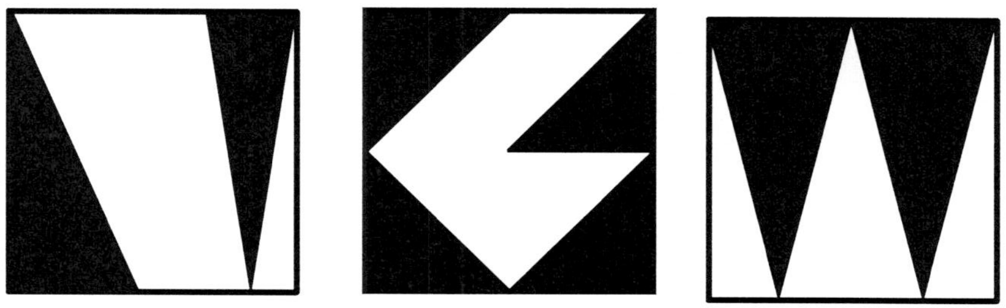

⑥

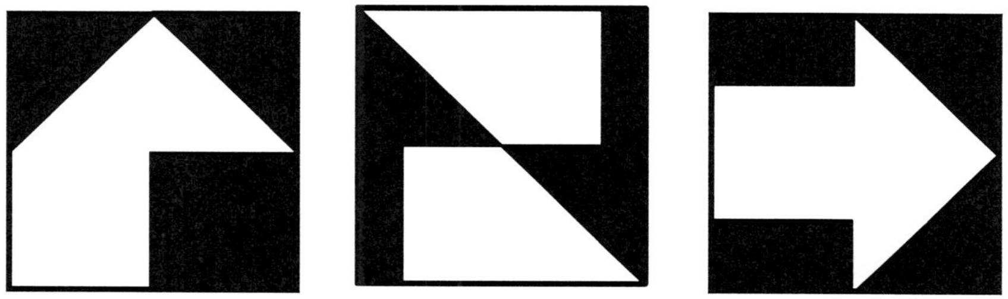

⑦

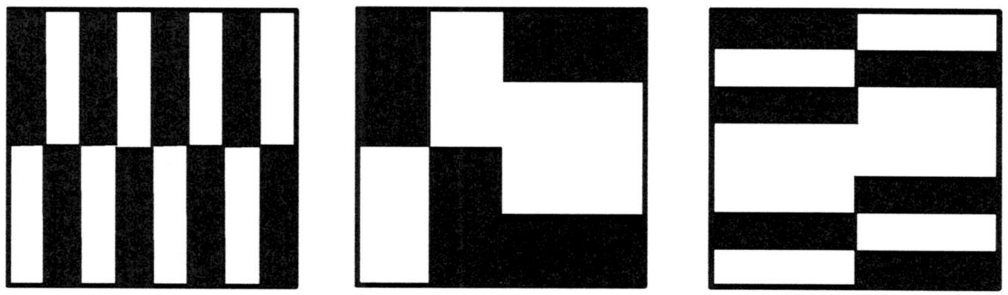

問題４０－２

⑧

⑨

⑩

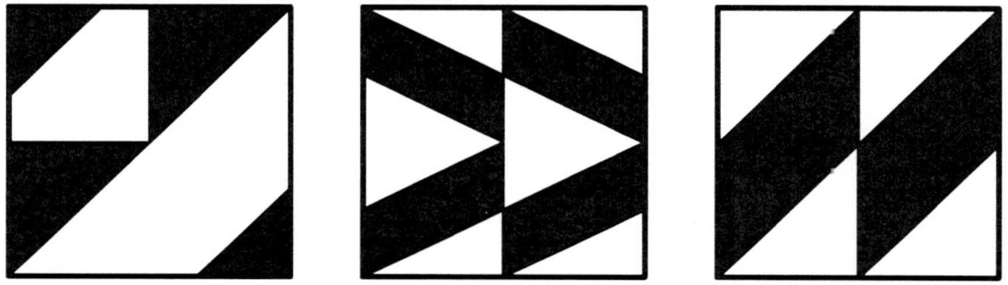

⑪

⑫

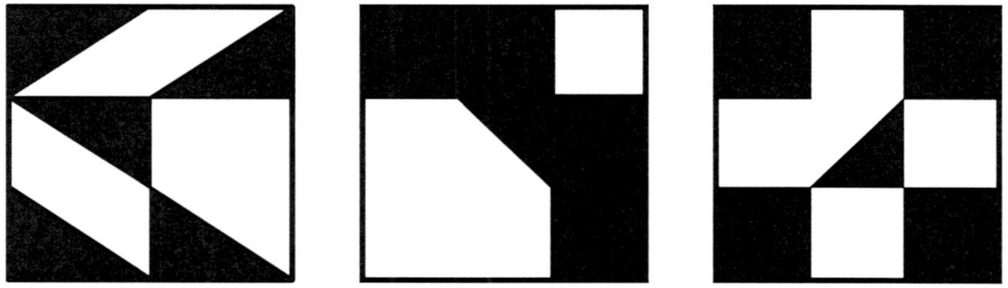

⑬

⑭

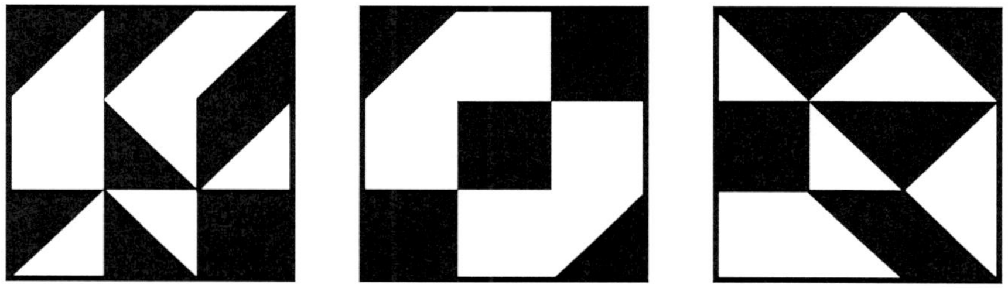

⑮

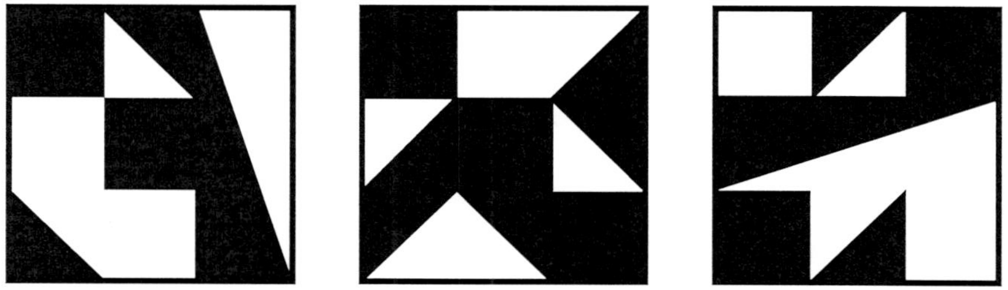

問題41－1

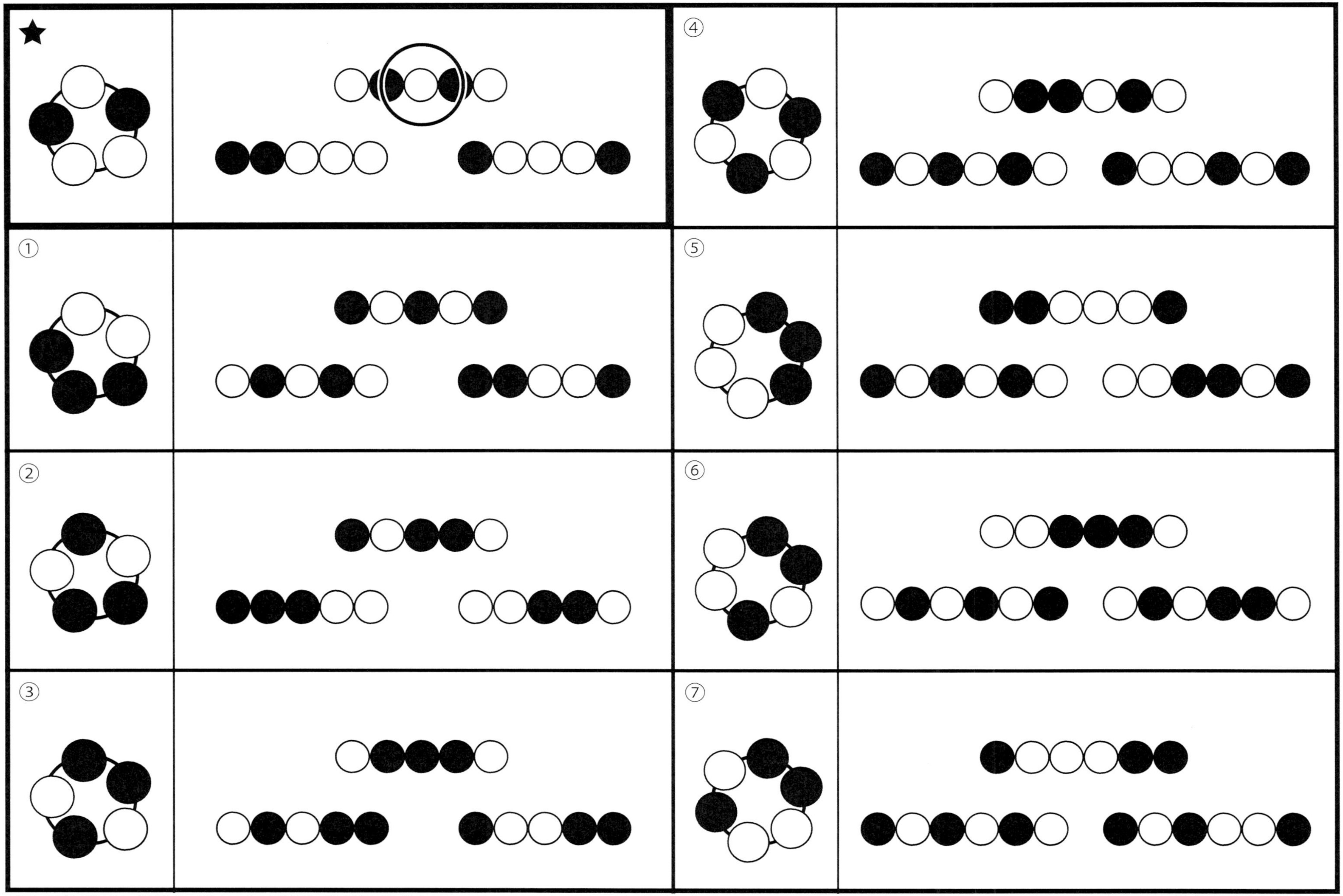

   日本学習図書株式会社

問題４１－２

⑧

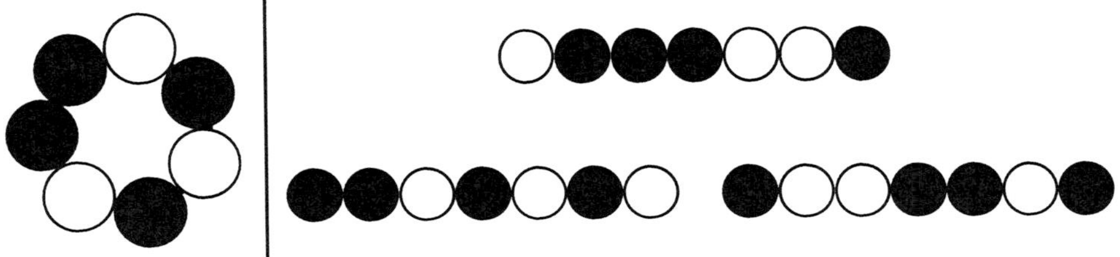

⑨

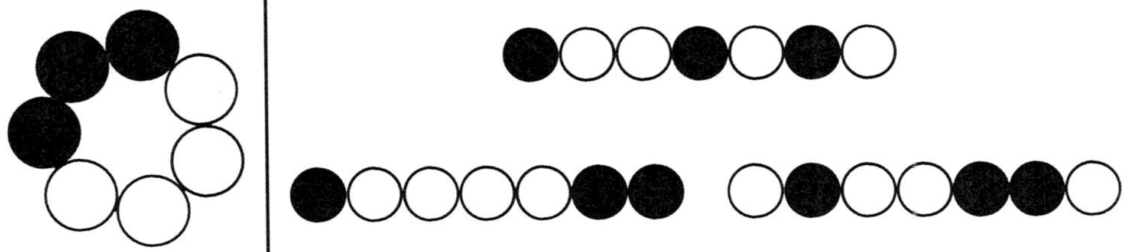

⑩

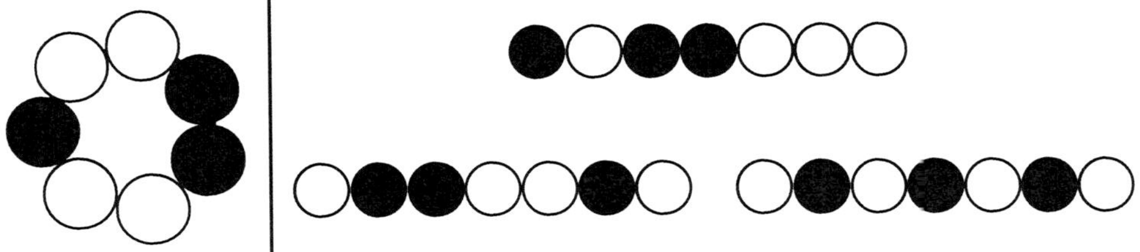

⑪

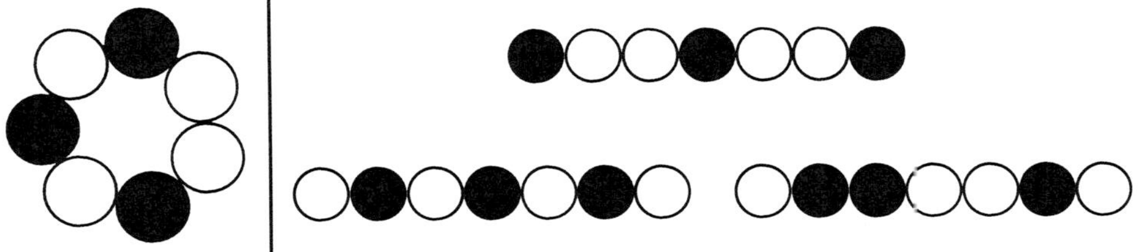

⑫

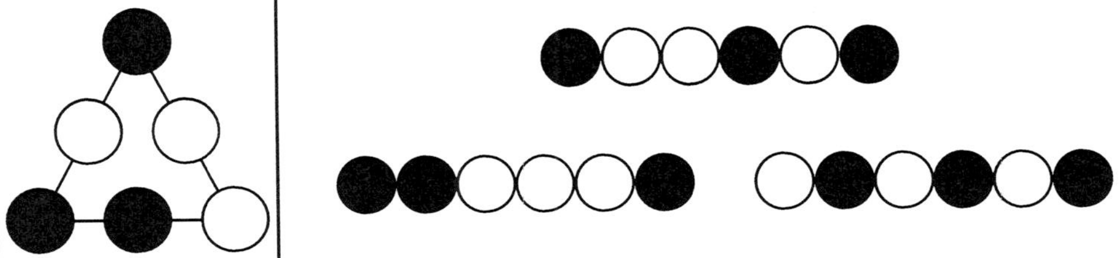

⑬

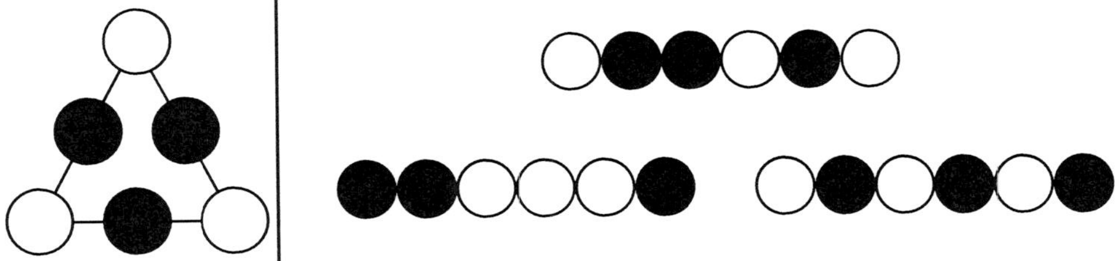

⑭

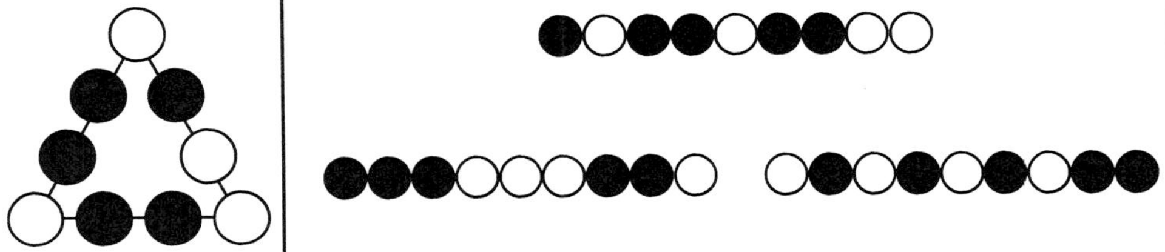

⑮

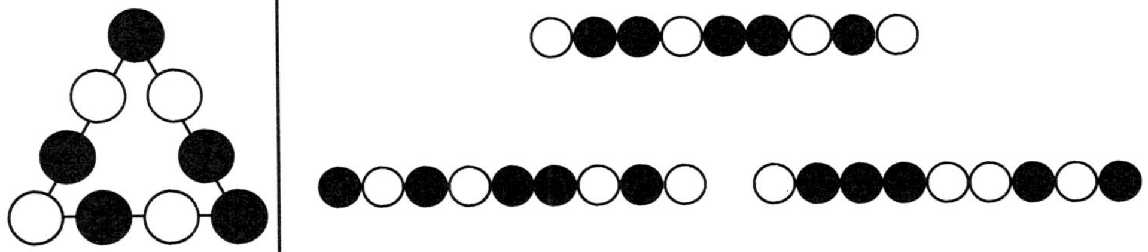

2024年度　筑波大学附属　過去　無断複製／転載を禁ずる　日本学習図書株式会社

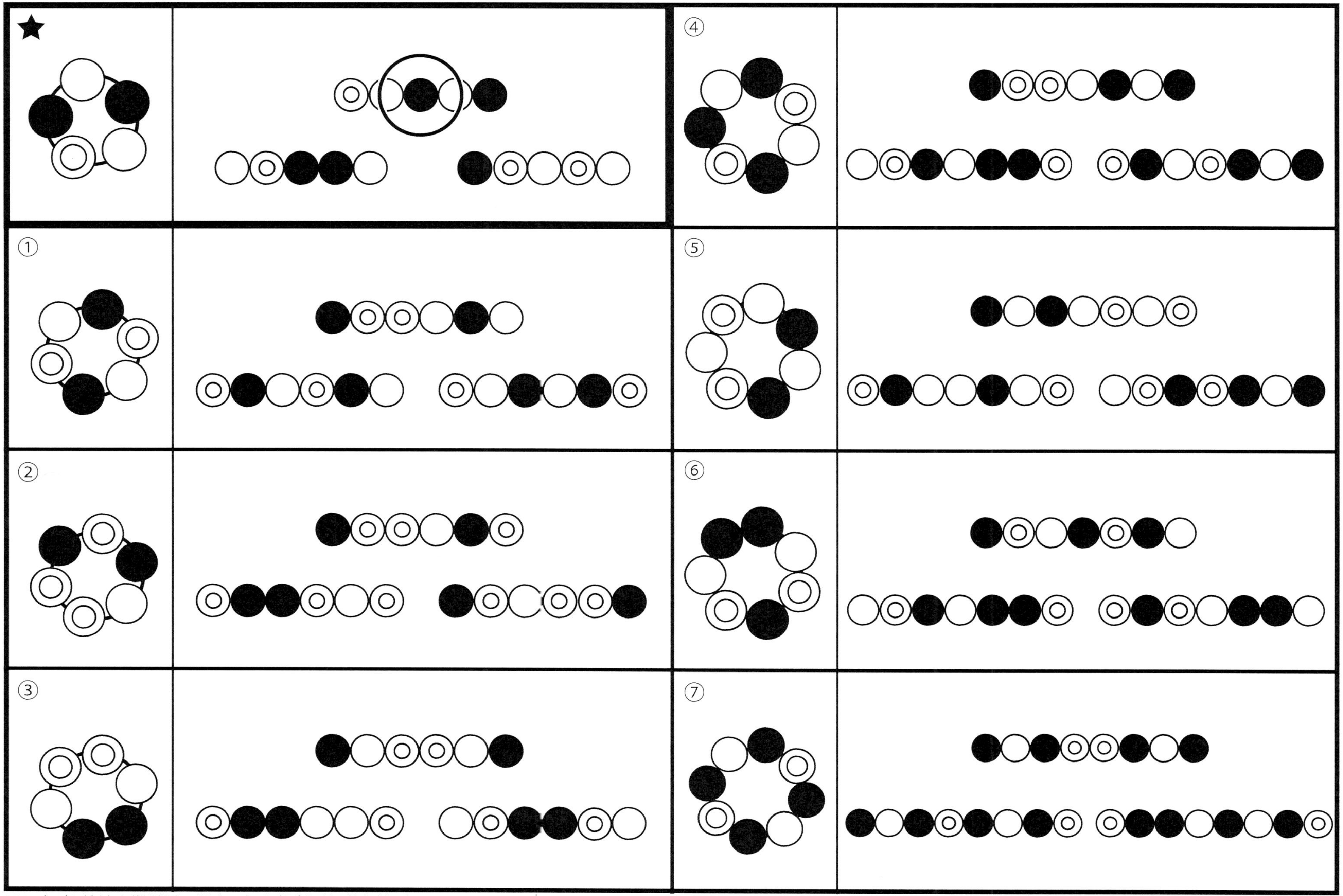

問題42－2

⑧

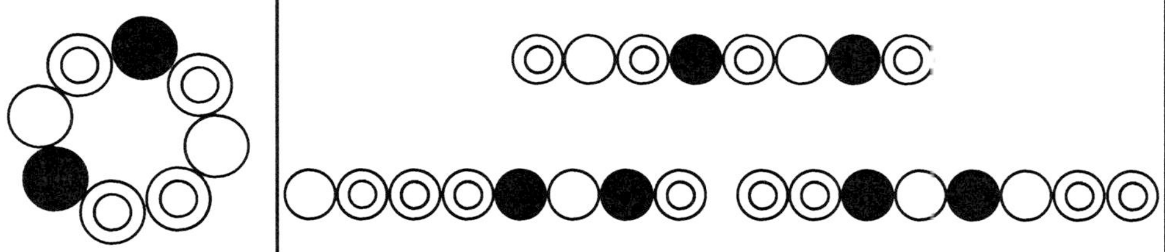

⑨

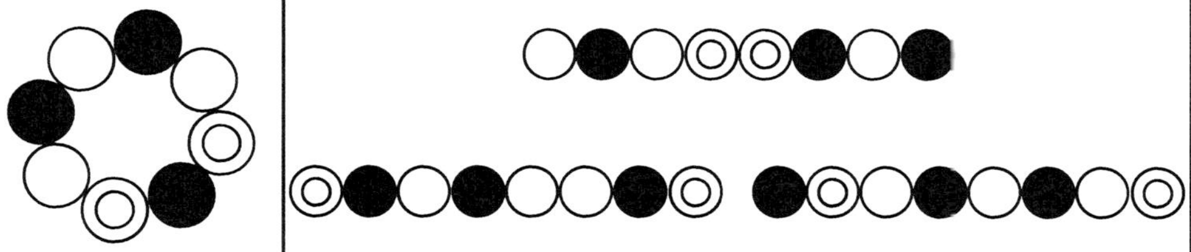

⑩

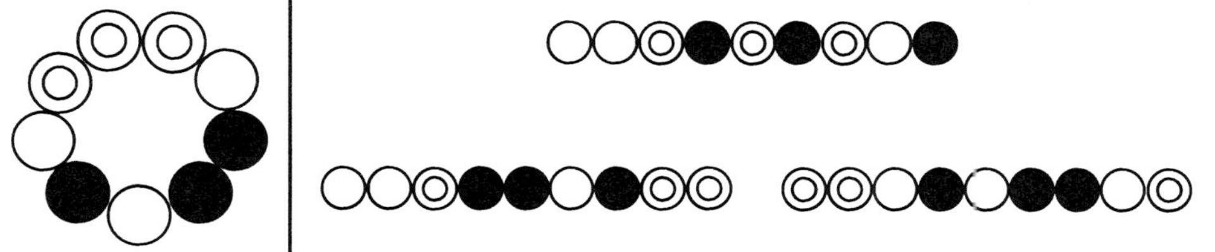

⑪

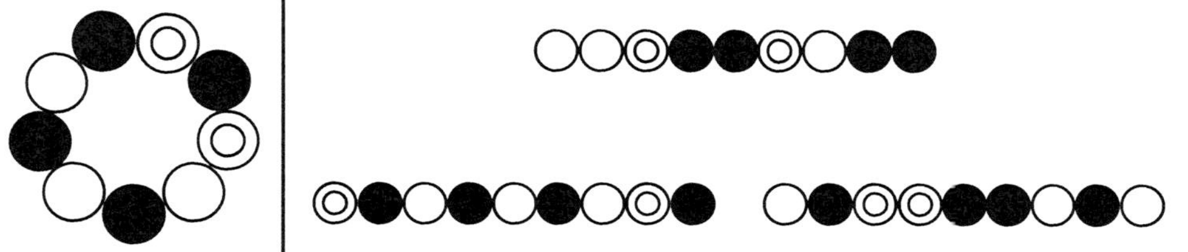

⑫

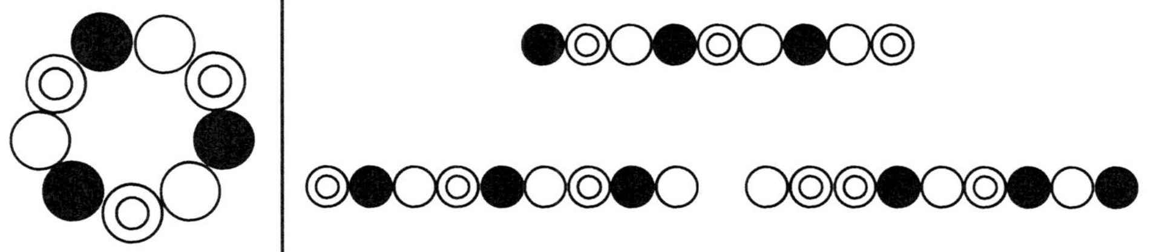

⑬

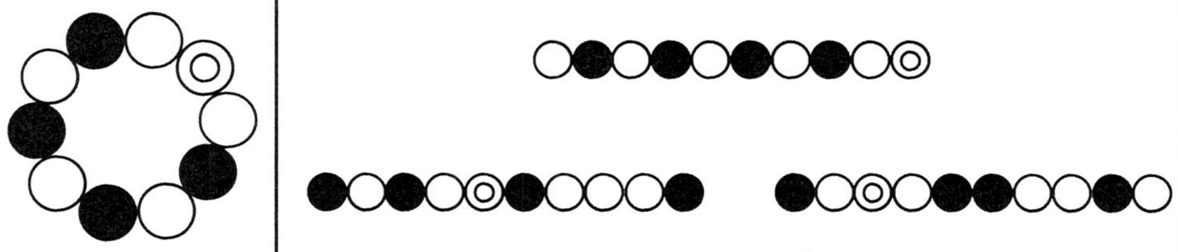

⑭

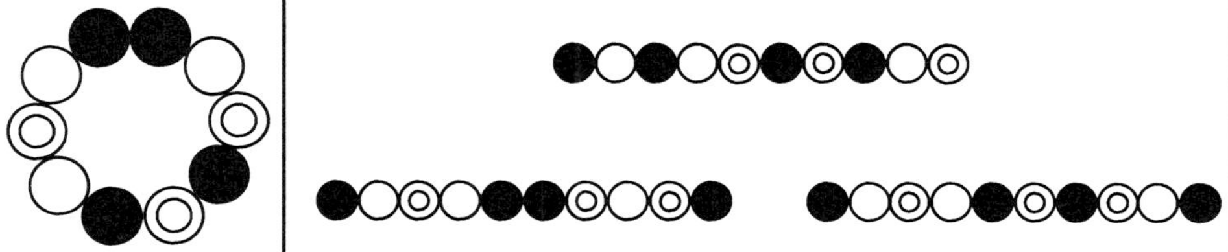

⑮

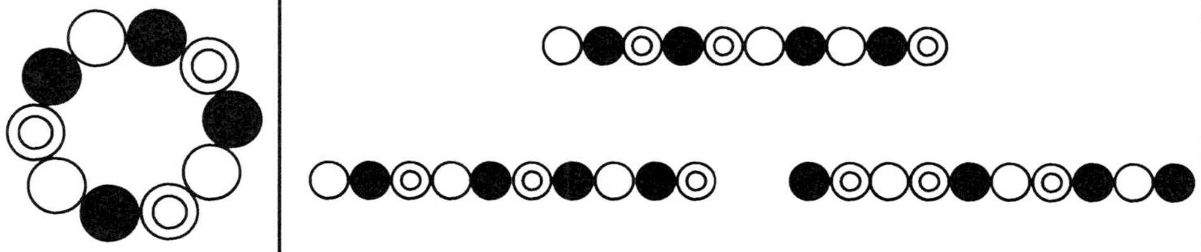

問題４３－１

制作例

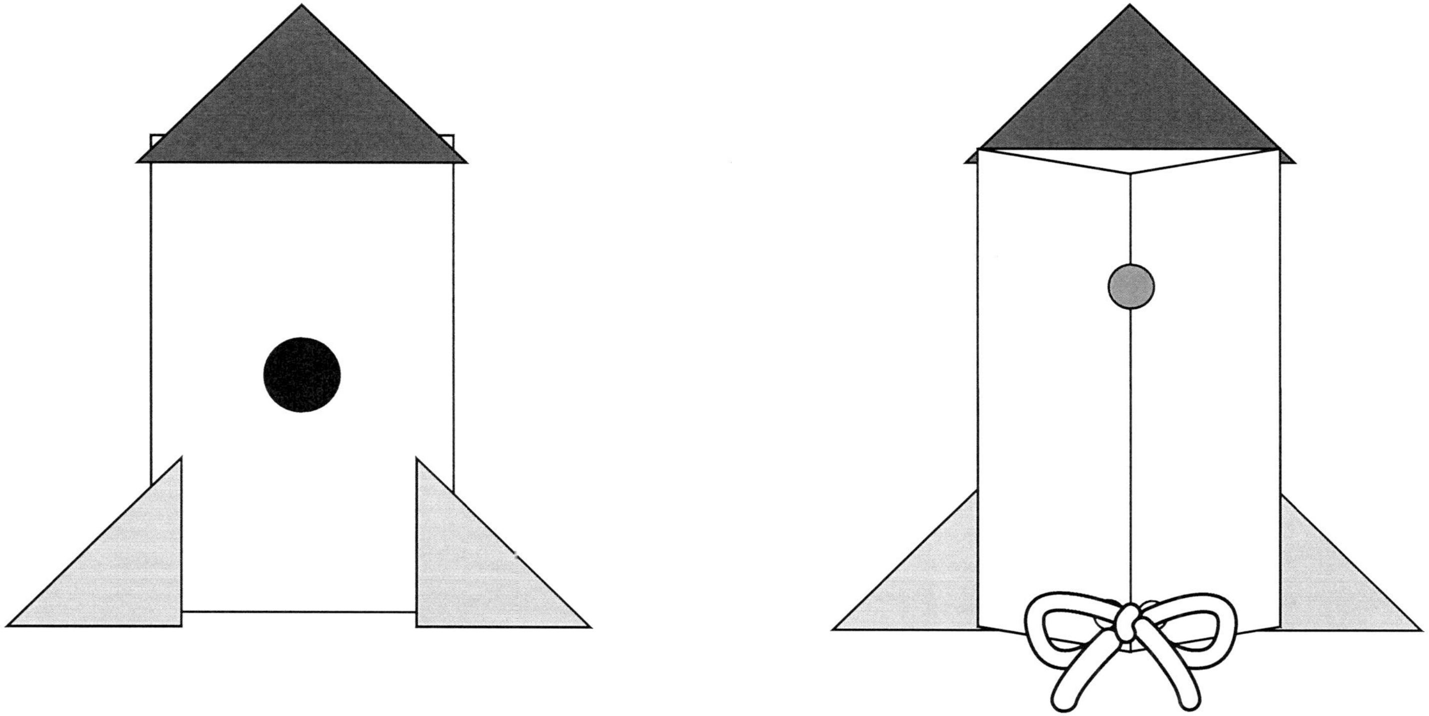

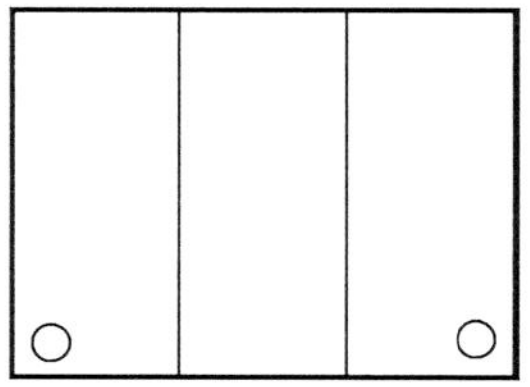

台紙

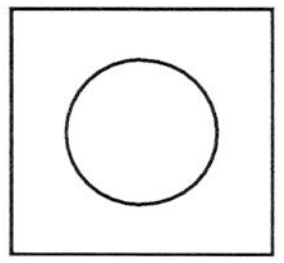

○が描かれた紙

折り紙（赤：大１枚／青：小２枚）

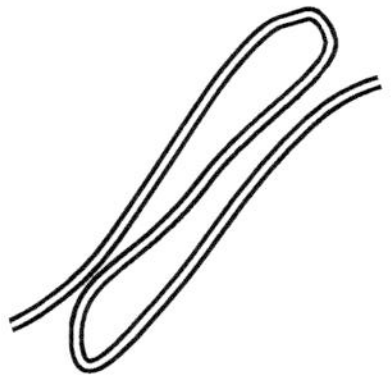

綴じひも（青）

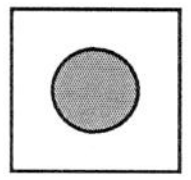

○シール（１枚）

①台紙の線を山折りにして、柱のようにし、後ろをシールで止める。
②○が描かれた紙の○を緑のクーピーペンで塗り、○に沿って線でちぎる。
③②で作った緑の○を、①で作った柱の前にのりで貼る。
④赤い折り紙を三角に折り、①で作った柱の上に貼る。
⑤青い折り紙を三角に折り、①で作った柱の下の左と右に貼る。
⑥後ろの２つの穴にひもを通し、ちょう結びをする。

問題43－2

問題44

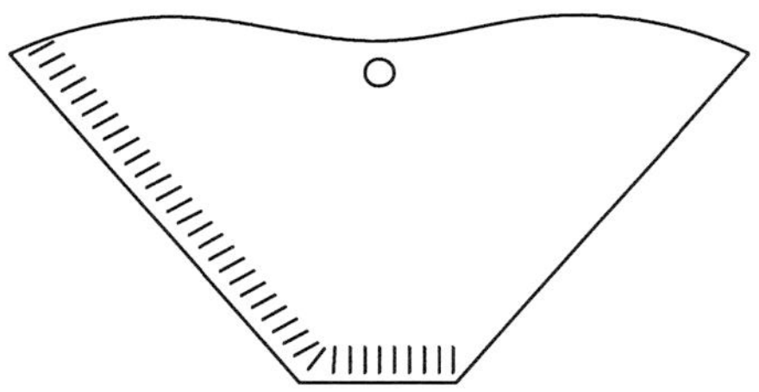

コーヒーフィルター

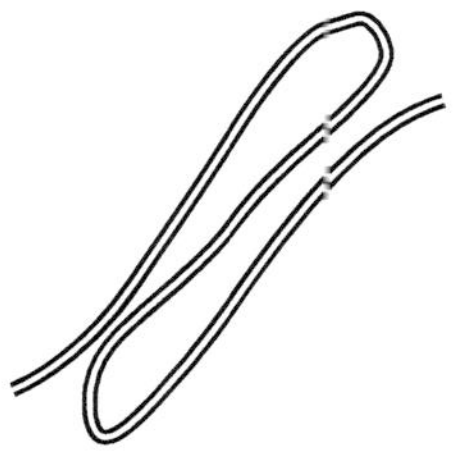

綴じひも（青）

折り紙（赤：大１枚）

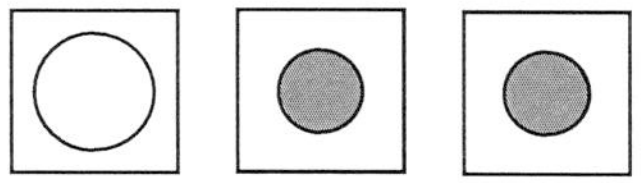

○シール（白：大１枚・緑：小２枚）

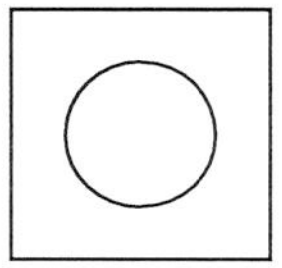

○が描かれた紙

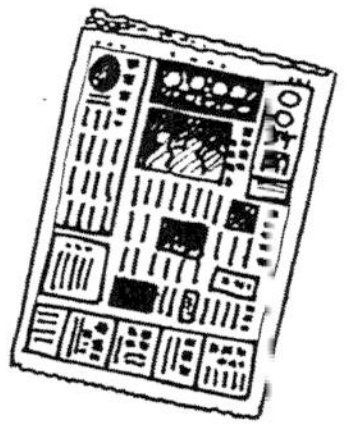

新聞紙（１／４枚）

①コーヒーフィルターを裏返し、新聞を丸めて入れる。
②コーヒーフィルターの穴にひもを通し、ちょう結びをする。
　三角が上、ちょう結びが下になるようにする。
③○が描かれた紙の○を緑のクーピーペンで塗り、○に沿って線でちぎる。
④③で作った緑の○の上に白いシールを貼る。
　その上に緑のシールを貼り、②の右上にのりで貼る。
⑤緑のシールを④の左に貼る。
⑥赤い折り紙を三角になるように半分に折り、②の上に貼る。

完成図

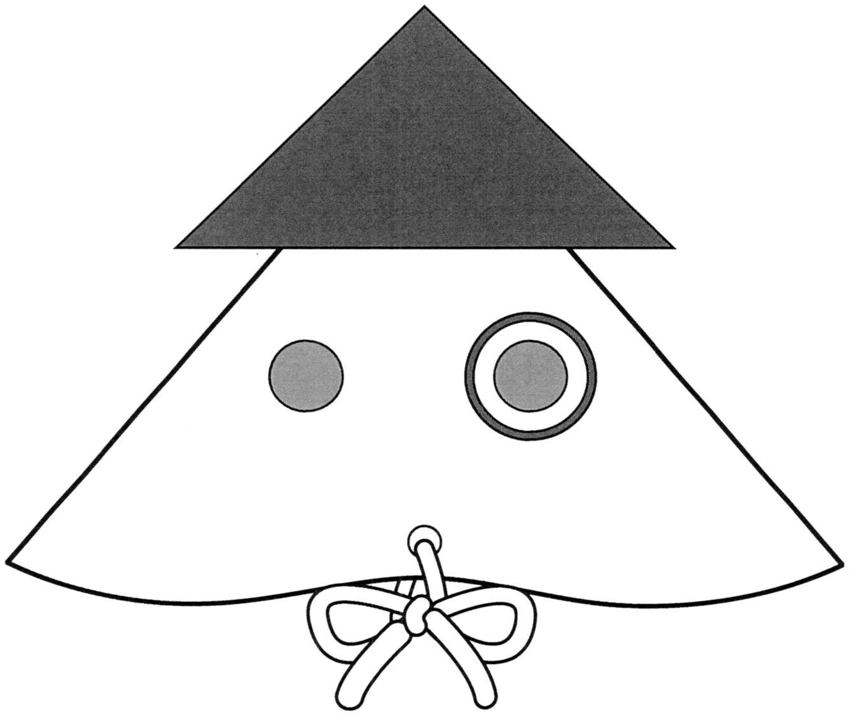

　

問題４５－１

完成図

前

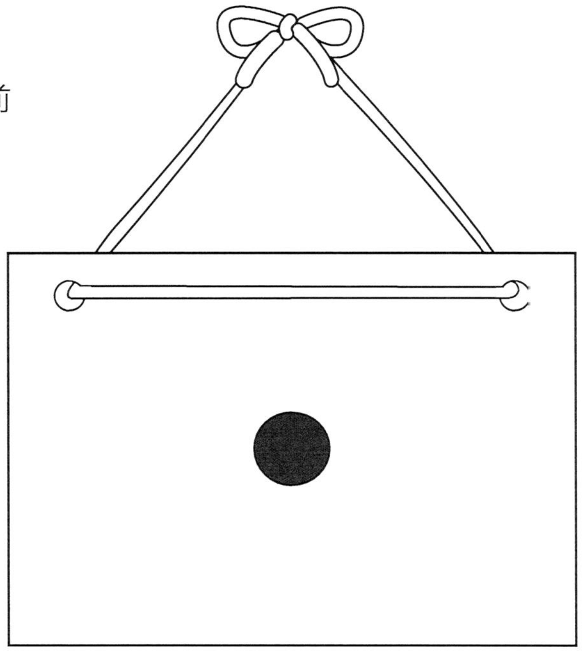

後

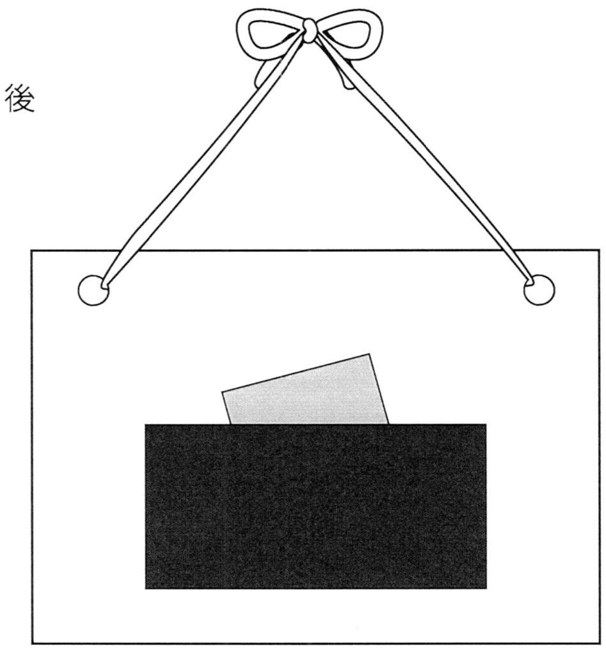

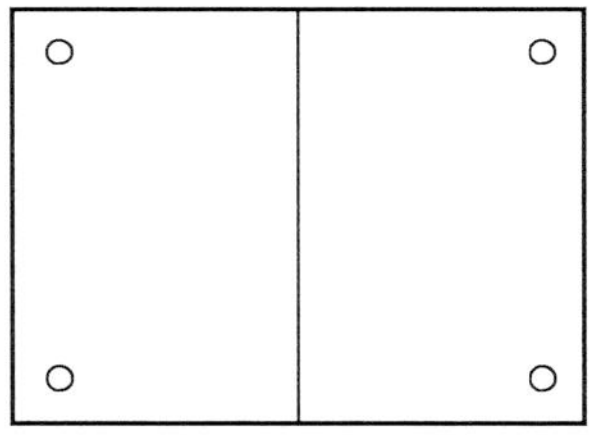

台紙

折り紙（長方形、紫大１枚）

折り紙（正方形、黄小１枚）

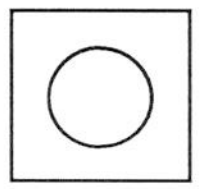

○が描かれた紙

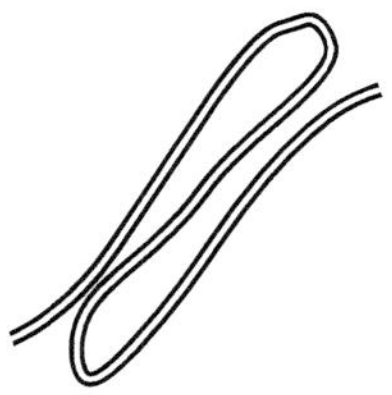

綴じひも（青30㎝）

①台紙の線を、穴が合うように山折りにする。
②穴にひもを通して、空中でちょう結びをする。
③○が描かれた紙の○を赤のクーピーペンで塗り、○に沿って線でちぎる。
④③で作った赤の○を、①の中央にのりで貼る。
⑤紫色の長方形の折り紙の３か所にのりをつけ、④の裏に貼り、ポケットを作る。
⑥黄色の折り紙を２回折って小さな四角を作り、⑤で作ったポケットに入れる。

問題４５－２

問題46－1

完成図

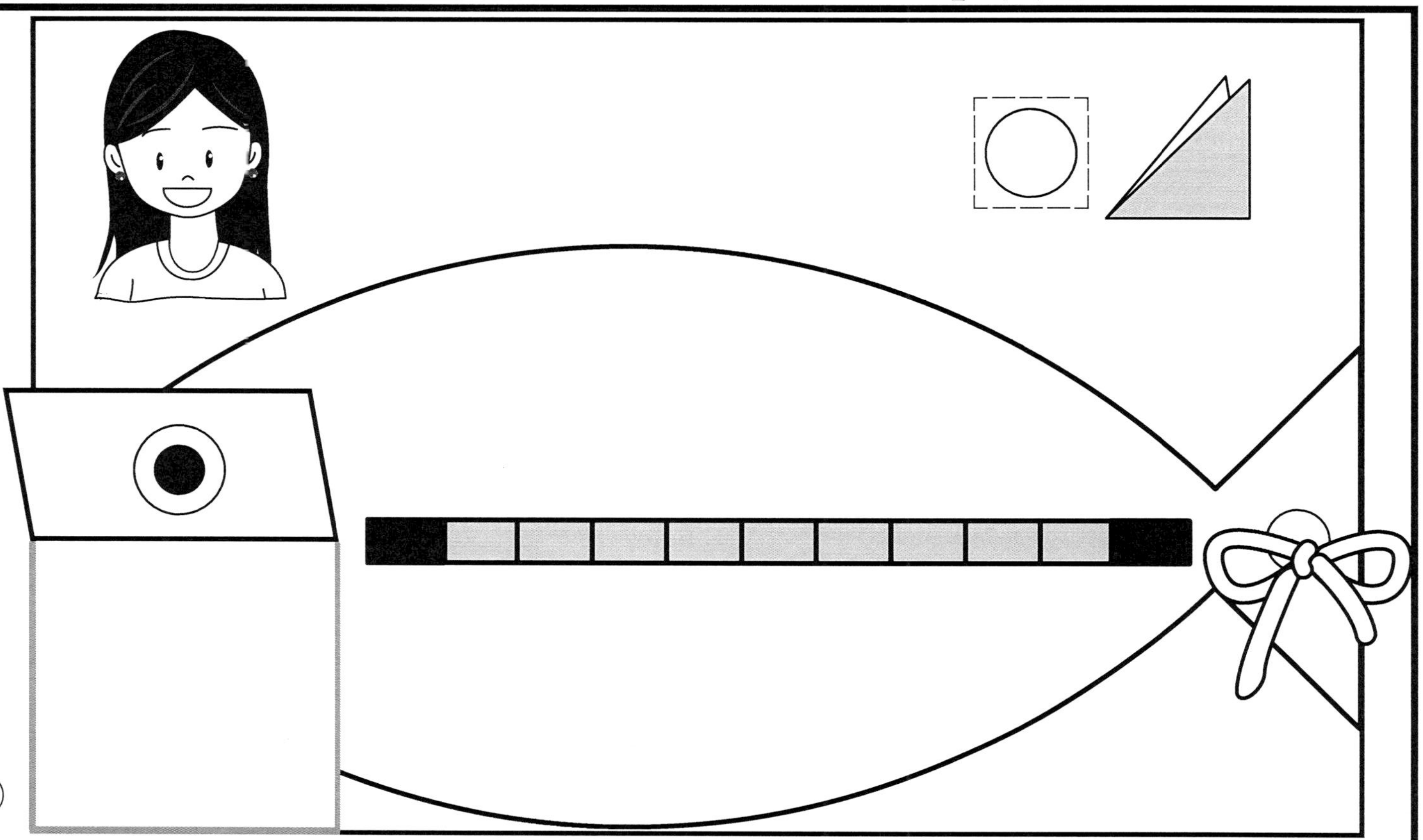

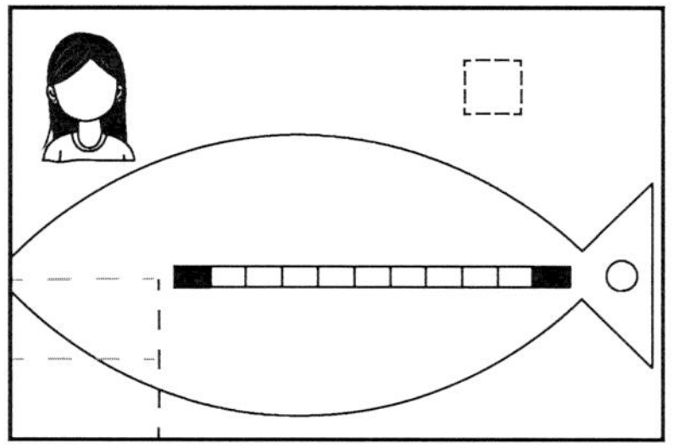

台紙

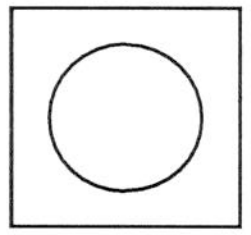

折り紙（黄：小１枚）　○シール（白１枚）

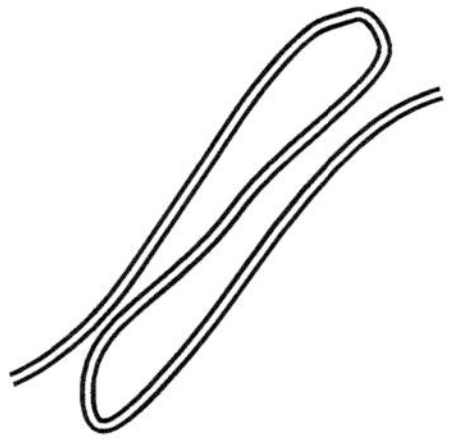

綴じひも（青）

①台紙の太い点線をちぎって、上に２回折り返し、折り返したところに黒のクーピーペンで目を描く。
②台紙の骨の白いところを、青のクーピーペンで塗る。
③黄色い折り紙を三角に２回折り、台紙の右上に貼る。
④折り紙の左の点線の中に、白い丸のシールを貼る。
⑤台紙左上のお母さんの顔をクーピーペンで描く。
⑥台紙右の穴にひもを通し、ちょう結びをする。

問題４６－２

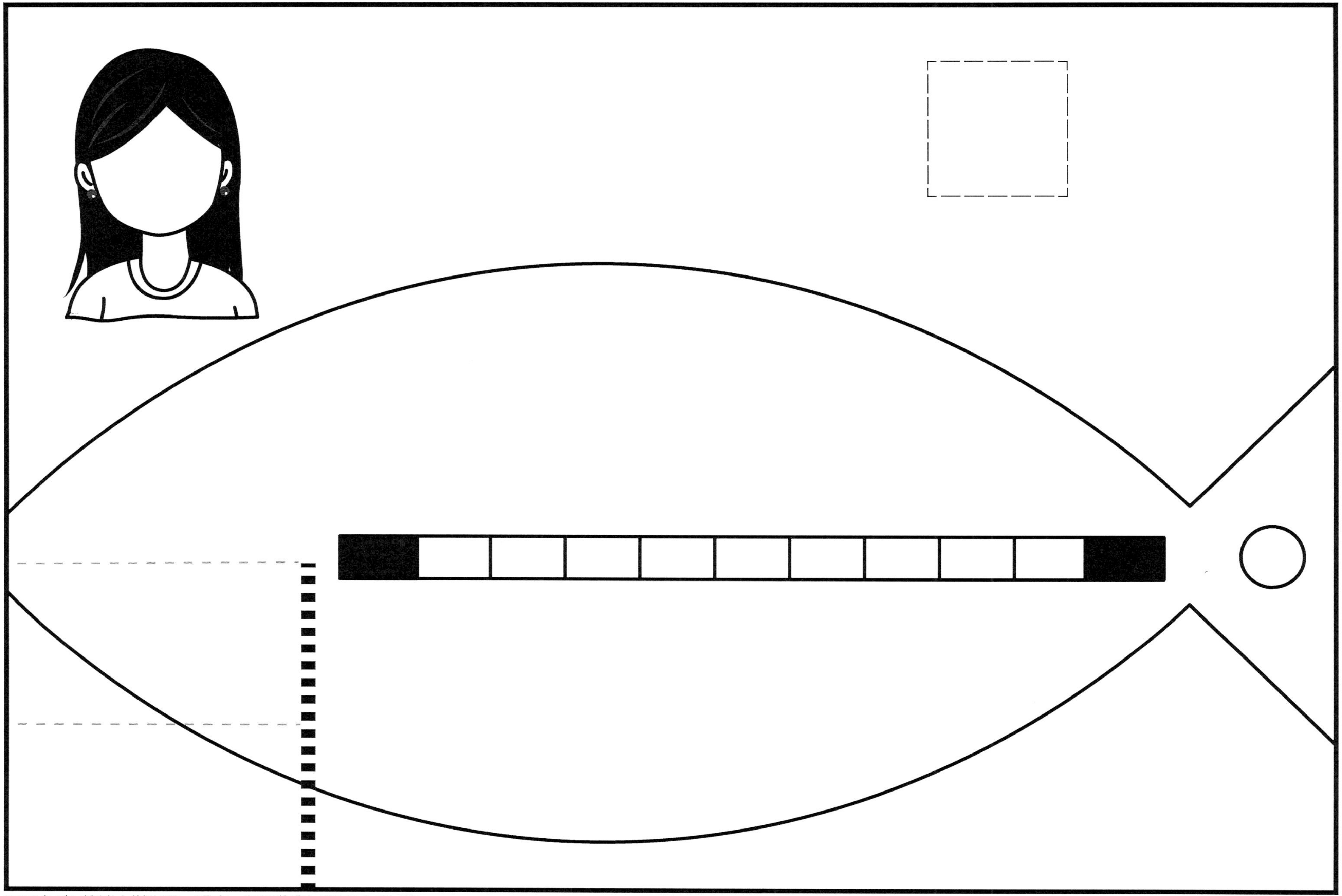

問題４７－１

完成図

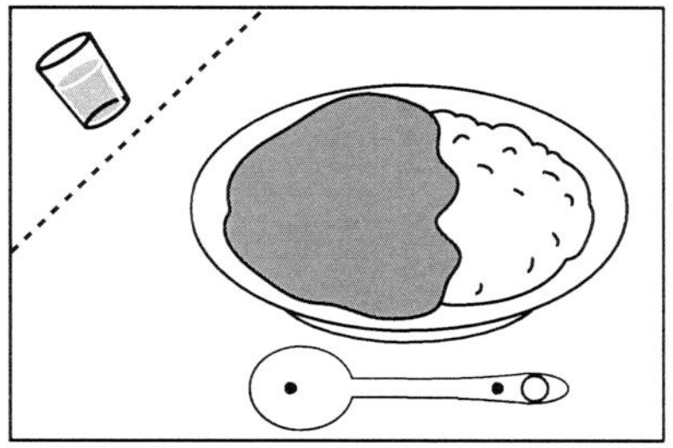

台紙

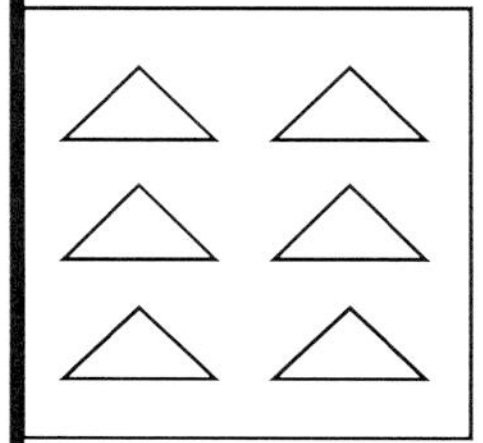

△を描いた紙
（黄１枚）

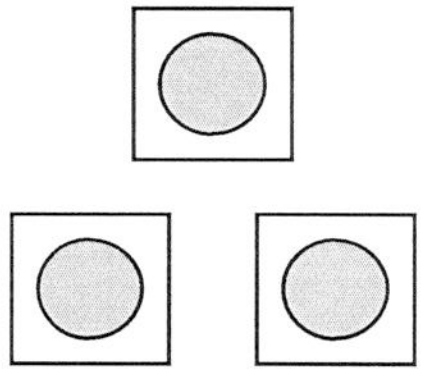

○シール（黄３枚）

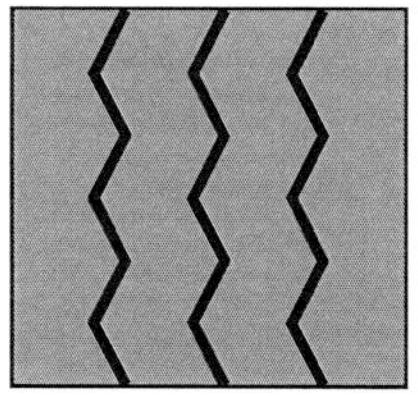

折り紙（赤１枚）

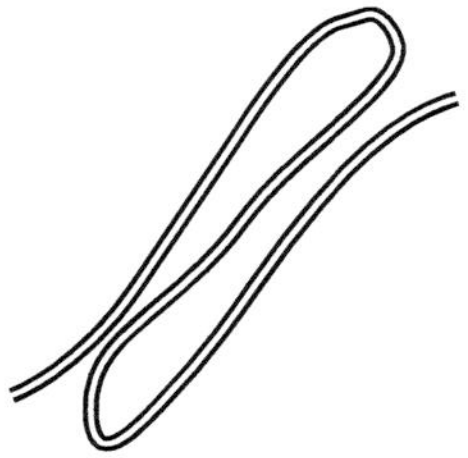

綴じひも（黒）

①△をオレンジ色のクーピーペンで塗り、△に沿って線でちぎる。
②①で作ったオレンジ色の△を、台紙のカレーにのりで貼る。
③台紙のカレーに、黄色い丸のシールを貼る。
④赤い折り紙を黒い線でちぎり、福神漬けのようにゴハンの上に貼る。
⑤スプーンの絵の中の黒丸と黒丸を壁に当たらないように緑色のクーピーペン線を引く。
描いたら柄の穴にひもを通し、ちょう結びをする。
⑥台紙左上の点線を谷折りし、コップを立てる。

問題４７－２

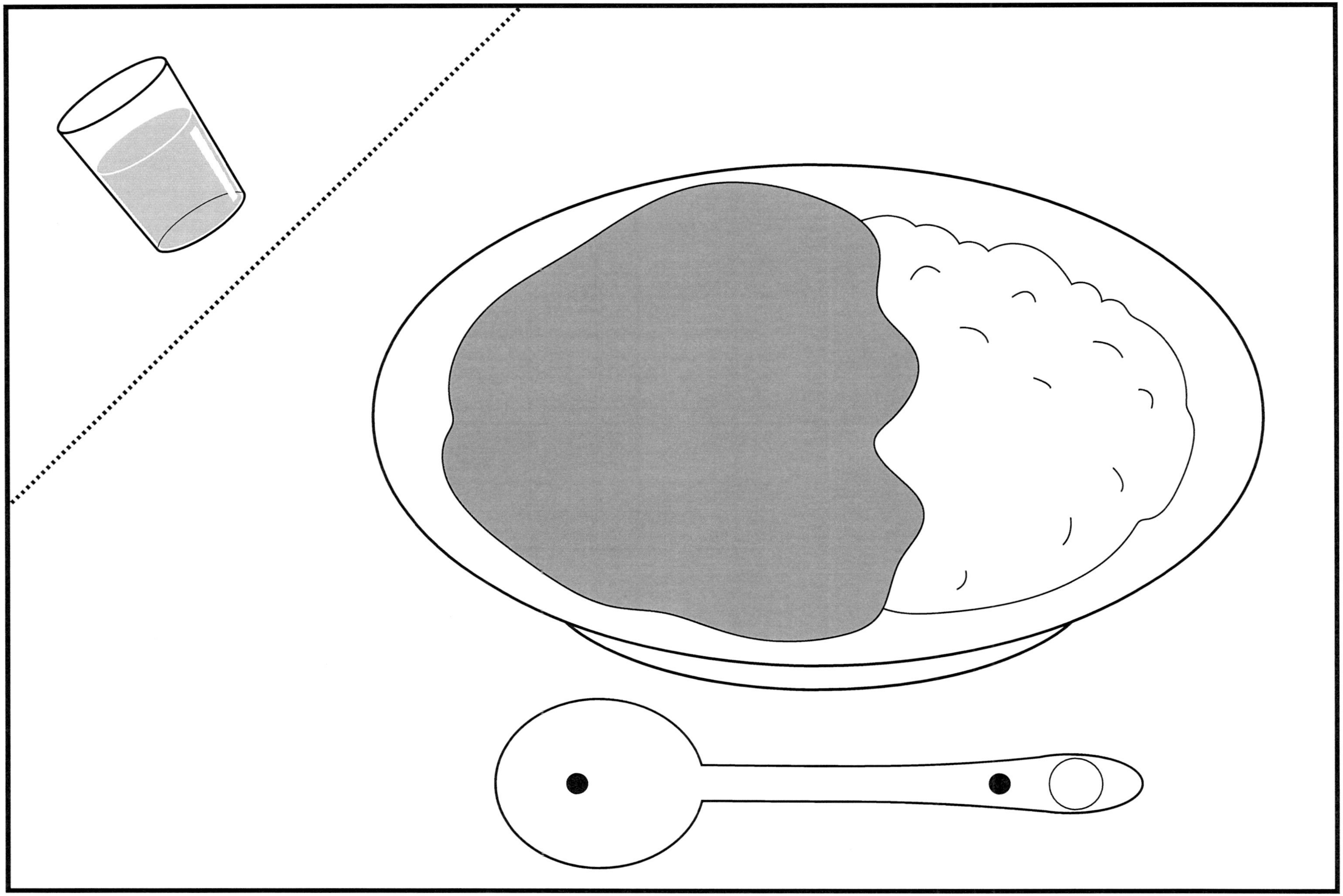

問題４８

完成図

前

後

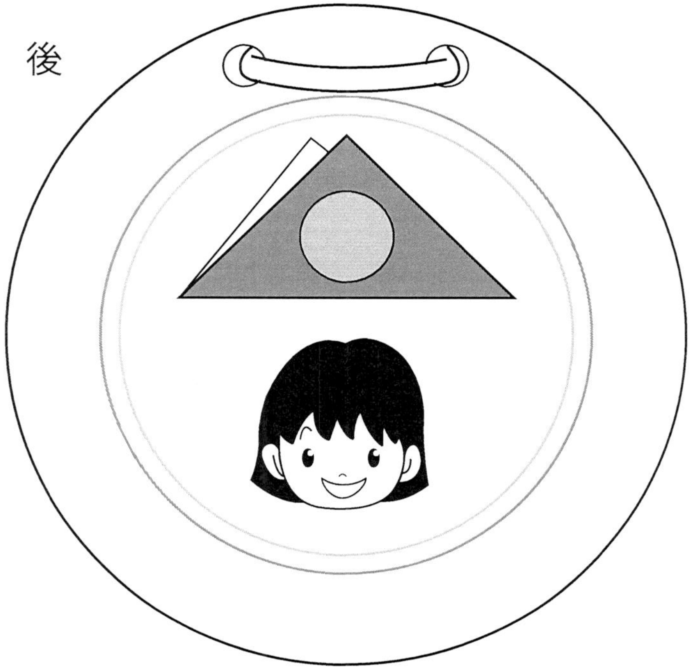

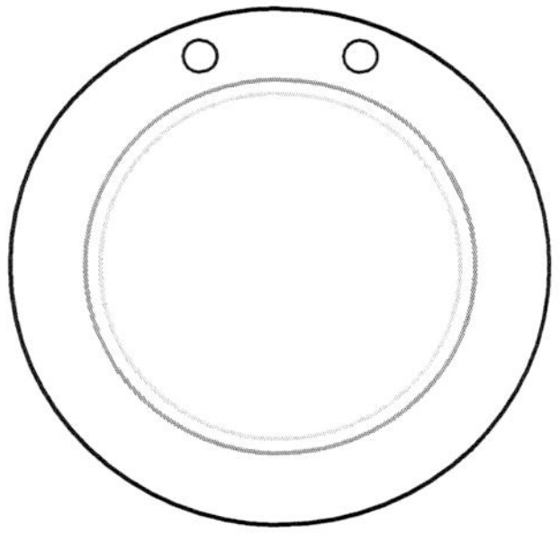

紙皿（１枚）

星を描いた紙

折り紙（青：大１枚）

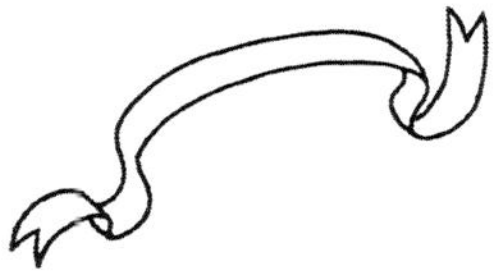

リボン（赤）

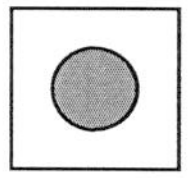

○シール（青１枚）

①星が描かれた紙の星を緑のクーピーペンで塗り、星の形に沿って線でちぎる。
②①で作った緑の星を、紙皿の裏側の中央にのりで貼る。
③青色の折り紙を三角に折り、紙皿の表側の上の方にのりで貼る。
④③で貼った折り紙の上に青い丸のシールを貼る。
⑤折り紙の下に、黒のクーピーペンでメダルをもらった時のうれしい顔を描く。
⑥折り紙のある方から赤色のリボンを通し、ちょう結びをする。

筑波大学附属小学校　専用注文書

年　　月　　日

合格のための問題集ベスト・セレクション

＊入試頻出分野ベスト３

1st　お話の記憶

集中力　聞く力　知識

2nd　図　形

観察力　思考力

3rd　制　作

観察力　集中力　巧緻性

お話の記憶は、お話が長く、設問も多いことが特徴です。図形は、難しい上に問題数も多いので、時間内に解き終えるための正確さとスピードが求められます。量と質を両立させる学習をめざしましょう。

分野	書　名	価格(税抜)	注文	分野	書　名	価格(税抜)	注文
総合	筑波大学附属小学校 ステップアップ問題集	2,000円	冊	図形	Ｊｒ・ウォッチャー５「回転・展開」	1,500円	冊
図形	筑波大学附属小学校 図形攻略問題集①	2,500円	冊	図形	Ｊｒ・ウォッチャー６「系列」	1,500円	冊
図形	筑波大学附属小学校 図形攻略問題集②	2,500円	冊	図形	Ｊｒ・ウォッチャー８「対称」	1,500円	冊
巧緻性	筑波大学附属小学校 工作攻略問題集	2,500円	冊	図形	Ｊｒ・ウォッチャー９「合成」	1,500円	冊
総合	新 筑波大学附属小学校 集中特訓問題集	2,500円	冊	知識	Ｊｒ・ウォッチャー 34「季節」	1,500円	冊
総合	筑波大学附属小学校 想定模擬テスト問題集	2,500円	冊	図形	Ｊｒ・ウォッチャー 45「図形分割」	1,500円	冊
総合	筑波大学附属小学校 ラストスパート	2,000円	冊	図形	Ｊｒ・ウォッチャー 46「回転図形」	1,500円	冊
作文	保護者のための筑波大学附属小学校作文対策講座	2,000円	冊	図形	Ｊｒ・ウォッチャー 54「図形の構成」	1,500円	冊
					お話の記憶問題集 上級編	2,500円	冊
					実践 ゆびさきトレーニング①②③	2,600円	冊
					新 口頭試問・個別テスト問題集	2,600円	冊
					小学校受験で知っておくべき 125 のこと	2,600円	冊
					新 小学校受験の入試面接Ｑ＆Ａ	2,600円	冊
					新 願書・アンケート文例集 500	2,500円	冊

合計	冊	円

（フリガナ） 氏　名	電　話 ＦＡＸ E-mail
住 所　〒　　　－	以前にご注文されたことはございますか。 有　・　無

★お近くの書店、または記載の電話・FAX・ホームページにてご注文をお受けしております。
電話：03-5261-8951　FAX：03-5261-8953　代金は書籍合計金額＋送料がかかります。
※なお、落丁・乱丁以外の理由による商品の返品・交換には応じかねます。

★ご記入頂いた個人に関する情報は、当社にて厳重に管理致します。なお、ご購入の商品発送の他に、当社発行の書籍案内、書籍に関する調査に使用させて頂く場合がございますので、予めご了承ください。

日本学習図書株式会社
http://www.nichigaku.jp